La
DAMA

Título original: The lady
Derechos de autor 2021 por Gary M. Douglas

La dama
Derechos de autor 2020 Gary M. Douglas
ISBN: 978-1-63493-525-8
Access Consciousness Publishing

Traducido del inglés por Karla Mánica Avendaño

LA DAMA

Ser quien gana siempre

GARY M. DOUGLAS

ACCESS CONSCIOUSNESS PUBLISHING

ÍNDICE

¿QUÉ ES UNA DAMA?

Algunas personas consideran que referirse a una mujer adulta como dama es irrespetuoso, condescendiente u ofensivo. Para ellas, la palabra "dama" es un término para alguien con poca inteligencia, poder o presencia en el mundo. Ven a la dama como una criatura insignificante, inconsecuente y sin poder.

Sin embargo, durante gran parte de nuestra historia, una dama ha sido una mujer noble de carácter fuerte. Ha sido alguien que poseía propiedades y gobernaba su familia, que tenía poder y autoridad sobre los demás.

"Las damas" han sido mujeres de un estatus social alto o de autoridad. Se les han considerado elegantes, señoriales, educadas y merecedoras de respeto y devoción. Antiguamente, una dama era una mujer pero no todas las mujeres eran damas.

Las damas de antaño tenían una forma completamente diferente de ser en el mundo. Ellas siempre sabían quienes eran y que estaban a cargo, pero también sabían cómo recibir, y no sentían que tenían que castrar a los hombres ni probar que eran iguales o mejores que ellos.

Considera estas definiciones del diccionario de Noah Webster de 1818, que ofrecen una forma diferente de ver lo que significa ser una dama:

- Una mujer que cuenta con derechos de propiedad o autoridad, especialmente como una superiora feudal.

- Una mujer que recibe el homenaje o la devoción de un caballero o un amante.
- La Virgen María.
- Una mujer de posición social superior.
- Una mujer de modales refinados y gentiles.
- Una mujer (frecuentemente usado como una referencia cortés) como en "lleva a la dama a su asiento".
- Una esposa o una ama. (Una ama, en este sentido, es una mujer que gobierna. Ella es la cabeza femenina de una familia.)
- Cualquiera de las diversas mujeres con títulos en la Gran Bretaña. "Lady" (dama) se usa como el título habitual para una marquesa, condesa, vizcondesa, baronesa, o la esposa de un caballero, barón, miembro de la nobleza, o alguien que tuviese el título nobiliario de Lord. También se utiliza como título de cortesía para la hija de un duque, marqués o "Earl" (conde). Una dama es una mujer que es miembro de una orden de caballeros.

Ser una dama es acerca de elegir ser todo lo que eres. Es saber quién eres y estar agradecida por eso. Eres quién tú eres, sin definirte por lo que otros piensan que debes ser. No tienes el punto de vista de que debes ser como alguien más.

La dama

Recientemente ofrecí una clase dividida en nueve partes llamada: *La dama,* en la que hablé en detalle con las participantes acerca de lo que significa ser una dama. Durante la clase, le pedí a las participantes que vieran varias películas realizadas durante las décadas de 1930 y 1940, y tuvimos algunas conversaciones asombrosas acerca de los personajes femeninos y masculinos, sus relaciones unos con otros, y su forma de ser en el mundo. Muchos de estos personajes femeninos eran damas, y fue esclarecedor ver cómo funcionaban en el mundo, y lo diferentes que eran de la mayoría de las mujeres de hoy.

La idea de mirar estas películas fue para ver cuánto ha cambiado el mundo en términos de cómo vemos a las damas. En las décadas de los treinta y cuarenta, por ejemplo, ser una dama se consideraba un producto valioso. Eso cambió en las siguientes décadas: en la de los cincuenta, el sexo se convirtió en el producto valioso. En los sesenta, una mujer que no necesitaba a un hombre era un producto valioso. En los setenta, una mujer que podía utilizar a un hombre era un producto valioso. En los ochenta, una mujer que no veía el valor de ningún hombre era un producto valioso. En los noventa, una mujer no necesitaba para nada a un hombre; un hombre necesitaba a una mujer. Y en los dos mil, es solo una rareza.

Esto no es acerca de lo que es mejor o peor. Es acerca de cómo han cambiado las cosas. Sugiero que veas las siguientes películas y, mientras lo haces, considera estas preguntas:

- ¿Qué es diferente aquí?
- ¿Qué ha cambiado aquí?
- ¿Qué es posible aquí?

It happened one night (Sucedió una noche)

La primera película que vimos es un filme brillante llamado: *It Happened One Night* (Sucedió una noche), con Claudette Colbert y Clark Gable. Cuando la realizaron, los productores pensaron que iba a ser una película de bajo presupuesto que no generaría ningún dinero, pero se convirtió en una de las películas más populares de su época.

Para mí, una de las cosas más grandiosas en la película es que la heroína, Ellie Andrews, el personaje que interpreta Claudette Colbert, está dispuesta a huir de su matrimonio porque sabe que no le conviene. Una dama siempre huirá de lo que no funciona e irá hacia lo que sí lo hará. Es alguien que ve lo que es y elige con base en lo que ve. Ella dirá que no, cuando no desea hacer algo. Y dirá que sí, cuando algo funciona para ella.

Peter Warne, el personaje de Clark Gable, quiere una mujer que lo acompañe en la aventura de vivir. Ellie desea hacerlo. Él desea hacerla feliz, y ella está dispuesta a reconocerlo. Hay hombres así, pero muchas mujeres ni siquiera pueden ver a un hombre que desea hacerlas felices porque no es lo que han definido como algo que pueden tener o que les gustaría.

Una dama es una inspiración a una posibilidad

Una de las participantes de la clase dijo: "Ellie era una inspiración para Peter al ser quien era. No trataba de ser nada excepto ella misma". Eso es absolutamente acertado. Una dama siempre es una inspiración a una posibilidad...tan solo al ser quien es. Ellie ve lo que es y elige basado en lo ve.

Una dama nunca tiene que probar nada

Otra participante habló sobre una escena en particular: "Hay un momento al inicio de la película en donde Ellie va en un autobús. Está sentada junto a un hombre que le dice lo que le gustaría hacer con ella. Lo que él dice es muy raro, pero Ellie solo se sienta ahí y no responde. Mi reacción fue: 'oh, mi Dios, ¿cómo puede quedarse allí sentada y no decir nada?'. Cuando Peter la alcanza y menciona al hombre, Ellie encoge los hombros y dice algo como: 'oh, es un gran fastidio'. Mi reacción fue: '¡Vaya! Esa fue una gran respuesta'. Pienso que Ellie ni siquiera hubiera mencionado al hombre si Peter no lo hubiera mencionado".

Cuando una dama reconoce que alguien es un fastidio, ella simplemente se sienta y asiente. No tiene que hacer nada. Nunca dice: "eres un fastidio", solo no se vincula con personas aburridas o fastidiosas.

En algunas situaciones como esas, las mujeres quieren pelear. Desean probarle al hombre que es un imbécil. Pero una dama nunca tiene que probar nada. Solo sabe lo que sabe. ¿Y si simplemente supieras que alguien es fastidioso, y te dijeras: "vaya, esta persona es realmente fastidiosa" y eso fuera todo? ¿Y si no hubiera necesidad de vincularte con ella?

Otra observación que se hizo fue: "sí, pero ese tipo en el autobús no solo era fastidioso. Estaba comportándose como un absoluto imbécil. Era grosero. Trataba de incomodarla intencionalmente. Yo hubiera dicho: "¡oye! ¡para! estás siendo un imbécil".

Pero ¿por qué una dama no puede ser amable cuando alguien está siendo un imbécil? Una dama no tiene que decir lo que sabe. Solo tiene que darse cuenta. Una de las cosas que todos necesitamos aprender es a cerrar la boca en el momento preciso y preguntar: "si digo algo, ¿va a crear algo diferente?". Con gran frecuencia, decir algo no va a crear un resultado diferente. Tal vez has tenido la experiencia de decirle a alguien que él o ella estaba siendo un imbécil. ¿Eso lo cambió? ¿Se volvió menos imbécil? ¿O se volvió más ofensivo tratando de probar que tenía razón?

¿Necesitas ofender a las personas para obtener el control? ¿O hay otra manera? ¿Y si fingieras que duermes cuando estás en una situación donde alguien está siendo un imbécil? El otro puede tal vez darse cuenta de que está siendo imbécil. Cuando "despiertes", esa persona será diferente. O podrías decir: "muchas gracias por compartir. Tengo que dormir ahora. Estoy muy cansada", que es una forma educada de decir: "me aburriste hasta el hartazgo".

Hubo otro punto de vista acerca de que Ellie no dijo nada: "si yo hubiera estado en esa situación, yo hubiera considerado el no decir nada como una falta de amabilidad hacia mí". Sin embargo, una dama no tiene que decir nada porque sabe que lo que sale de la boca de un imbécil son los pedos de esta realidad. En algún momento se va a quedar sin aire. ¿Y si estuvieras dispuesta a estar presente y ver qué pasa?

Una mujer tiene que luchar para *probar* que es fuerte. Una *dama* sabe que es fuerte y no tiene nada por lo que luchar.

Una dama está dispuesta a decir lo que es verdad para ella

Otra de las asistentes tuvo una inquietud diferente: "al final de la película, Ellie expresa su amor a Peter. Ella dice: 'no podría seguir sin ti'. Siempre he tenido el punto de vista de que si yo dijera: 'no podría vivir sin ti', el hombre huiría".

Respondí: "eso es porque el hombre que tú elegirías *huiría*, pero hay hombres amables y maravillosos que creen en ser cariñosos y amorosos". Una dama siempre sabe quién mejora su vida, y está dispuesta a decir lo que es verdad para ella. No tiene que esconder sus sentimientos por un hombre. Necesitas reconocer al hombre en tu vida y expresar tu amor y aprecio por él".

Una dama también se disculpa cuando lo amerita. Una amiga me dijo que su esposo siempre hacía grandes cosas por ella, pero que no lo había visto como una contribución a su vida. Ella dijo:

"me he aprovechado de su amabilidad. ¿Cómo me disculpo por ser tan demandante?".

Le sugerí: "comienza por reconocerlo. Abrázalo y di: 'estoy muy feliz de tenerte. Eres el regalo más grandioso que he recibido en mi vida. Soy tan afortunada de tener un hombre como tú'. Necesitas hacer esto diariamente". Si siempre estuvieras agradecida por tu pareja y expresaras esa gratitud, ¿él te amaría más o menos?

También puedes utilizar el reconocimiento para motivar a un hombre a que esté interesado en ti. Si te gustaría verlo nuevamente, déjaselo saber. Di "eres tan interesante. Espero que podamos pasar más tiempo juntos".

Pero no digas: "vaya, eres tan interesante" a un hombre que solo habla de sí mismo. Si eso es lo único que hace, seguramente no es tan interesante, y no quieres personas aburridas en tu vida. Encuentra a un hombre que esté interesado en ti y te haga preguntas. Algunas mujeres actúan como si los hombres fueran lo más aburrido que hay. Desafortunadamente, es fácil ver por qué: la mayoría de los hombres son aburridos porque todo el tiempo hablan de sí mismos y jamás hacen una pregunta. Si todo se trata sobre él, reconoce que no es alguien con quien quieres pasar tu vida.

¿Una dama puede ser combativa?

Una de las participantes de la clase resaltó la combatividad de las damas en las películas que vimos. Dijo: "en muchas de estas películas, las damas tienen una cualidad combativa desenfrenada, y pareciera que cuentan con el respeto de los hombres con quienes están. Yo no me identifico con eso".

Respondí: "¡tú eres una de las personas más combativas que conozco! Sigues tratando de fingir que no eres combativa, pero es falso. Cuando eres combativa, por qué no solo admitir: '¿estoy siendo combativa?'. Ríe y haz una pregunta: '¿estoy siendo combativa?' o: '¿eso fue grosero?'. Siempre ve a la pregunta. La pregunta cambia cualquier cosa que esté sucediendo hacia donde hay una mayor posibilidad".

Combativa es una palabra grandiosa. Su definición incluye vehemente, atrevida, energética, vivaz, vigorosa, valiente – y una dama puede ser todas esas cosas. ¿Qué hombre quiere una mujer pusilánime? Puedes ser combativa *y* puedes ser sexy. Exhibir estas dos cualidades disipará casi cualquier situación, incluso con otras mujeres. Cuando estás dispuesta a coquetear con otras mujeres, ellas se vuelven inseguras porque no entienden la razón por la que coqueteas con ellas. Se preguntan: "¿hice algo que la hiciera pensar que soy gay?".

Pero además de ser combativas, las damas en las películas son vulnerables con sus emociones. No tratan de esconder lo que sienten. Permiten que las cosas sean lo que son. Este es un punto clave: las damas no intentan que las cosas sean de una manera determinada. Eso es una trampa. El tratar de hacer algo "bien" le quita toda la diversión. Si se intenta hacer las cosas de la manera acertada, todo lo que se consigue es juzgar lo que sucede. No se puede elegir lo que realmente se quiere conseguir. Las damas combativas son muy divertidas. Se divierten porque no luchan contra lo que sucede. Permiten que las cosas sean como son.

Elige ser quien eres

A algunas personas les parece difícil lidiar con gente combativa o intensa. Algunos creen que una dama nunca debería ser intensa, fuerte, ni demandante. Personalmente, considero a la intensidad como grandeza. Es una cualidad esencial en una dama, cuando elige usarla. Una dama siempre tiene disponibles todas las elecciones, y la intensidad es una de ellas. La intensidad real de la vida es la elección, y una dama siempre sabe que la tiene.

Una dama que es intensa sabe exactamente lo que sabe. No está dispuesta a hacerse menos para que alguien más se sienta cómodo. Esta es la intensidad de estar dispuesta a ser *tú*. No estás dispuesta a disminuirte en lo absoluto para poder encajar. Puedes ser intensa acerca de algo, pero no tienes que hacerlo con fuerza, violencia o enojo. Siempre tienes la elección de reconocer esa intensidad.

Recibe tu propia intensidad

Una participante de la clase preguntó sobre recibir la intensidad de los demás: "para mí, recibir la intensidad de alguien es como un fuego que me quema. Me rehúso a recibir a las personas intensas. ¿Hay alguna manera en que pueda hacer más fácil el recibir esa intensidad?".

Yo contesté: "Dices que no estás dispuesta a recibir a las personas intensas, pero el problema es que no estás dispuesta a recibirte a ti misma. Eres, de hecho, muy intensa, pero no estás dispuesta a ver dónde podrías ser intensa de una manera en que podría crear más para ti. Crees que nadie va a recibirte si eres intensa, pero solo hay una persona que puede recibirte, y esa eres *tú*. Si no te recibes a ti misma, ¿cómo puedes esperar que alguien más lo haga?".

¿Estás dispuesta a recibir tu propia intensidad? Si no es así, hay solo una cosa que necesitas para cambiar esto: elige ser quien eres. Comprométete contigo y con tu vida. Todo lo que tienes que hacer es decir: "voy a recibir quien soy sin importar como se vea". Tienes que estar dispuesta a ser lo que eres por toda la eternidad, sin importar si a alguien más le gusta o no.

Cuando te rehúsas a ser la intensidad que eres, puedes recibir solamente aquello que decidiste que estás dispuesta a recibir, que siempre es mucho menos de lo que puedes ser. No quieres ser así de intensa; no quieres ser así de grandiosa. Una vez que haces el compromiso de recibir completamente tu intensidad, nada podrá detenerte. Mientras tanto, vas a parecer un harapo.

¿Qué es lo que no quieres ver acerca de ti que, si lo vieras, te daría todo lo que deseas por tu vida entera?

"No te metas conmigo"

No podemos tener miedo de hacer uso de nuestra intensidad. Aquí hay un ejemplo: junto con mi amigo y socio de negocios, Dr. Dain Heer, compramos un castillo en Italia y lo estamos renovando. Cuando fui al castillo para ver cómo iban las renovaciones, habían levantado todos los pisos. Esto no era algo que deseaba que hiciera el equipo de construcción. El encargado dijo que había demasiada humedad en el castillo y que levantar los pisos de piedra era la única forma de secar todo. Trató de demostrarme que los pisos retenían humedad al vaciar sobre ellos cubetadas de agua cada noche sin embargo, eso no demostró su punto, porque los pisos se secaban durante la noche. De todas maneras, hizo que los levantaran. También decidió desmontar el techo y hacer una instalación nueva. Yo tampoco quería que él hiciera eso.

¿Cuál era su agenda? Hizo este trabajo innecesario porque quería ganar más dinero. No dudé en ser intenso. Le dije: "quiero dejar algo claro. Odio lo que hiciste en el techo. No le hagas nada más al techo".

Él dijo: "pero ese viejo techo va a caerse".

Le contesté: "está bien. Si va a caerse, déjalo que se caiga. Ha estado así por 200 años y todavía no se ha caído. No te metas conmigo. Haz lo que quiero que hagas o me vas a pagar tú". No tuve que decirlo alzando la voz. Solo tuve que decirlo claramente. No fui ruidoso; solo fui intenso.

¿Qué podrías crear si estuvieras dispuesta a ser y recibir la intensidad que eres?

TAREA

Ver la película:
It happened one night
(Sucedió una noche)

LA ELEGANCIA DE NO NECESITAR

Una dama no necesita nada. Tiene lo que yo llamo "la elegancia de no necesitar". Es uno de sus atributos clave.

La mayoría de las personas funcionan desde la idea de la necesidad: "necesito ser amada. Necesito que esta persona esté conmigo. Necesito esta cantidad de dinero. Necesito vivir en este lugar. Necesito que las personas con las que interactúo se comporten de una manera determinada". Piensan que no pueden ser felices a menos que se cubran sus "necesidades".

Las necesidades no son reales. Son realidades inventadas. Las necesidades que has inventado obstaculizan tu felicidad, tu gratitud, y tu gozo. Te estorban para tener relaciones satisfactorias. Interfieren con tus flujos de efectivo. Lastiman a tu cuerpo. Donde tienes una necesidad en tu vida, te limitas a ti misma.

Piensa en la educación de los hijos. Hay padres que no tienen ninguna necesidad particular de sus hijos. Dejan ir a sus niños a jugar con sus amigos. Les permiten determinar el curso de sus propias vidas. Al mismo tiempo, están ahí, totalmente presentes para ellos.

O también considera a esas personas en una relación que no parecen tener necesidad de su pareja. Los amigos les preguntan: "¿cómo puedes estar bien con que tu pareja se vaya una semana y no puedas hablar con él o ella?". Para ella está bien porque sabe que cuando su pareja elige por sí misma, va a crear algo más grandioso para ambos.

Cuando funcionas desde la necesidad, intentas manejar, controlar o dirigir todo y a todos en base a las necesidades que has decidido que tienen que satisfacer para ti. Pero cuando no tienes necesidades, las personas en tu vida pueden ser quienes son y como son y tú puedes ser quien eres y como eres.

En esta realidad, nos enseñaron que la necesidad nos mantiene unidos. De hecho, la necesidad nos separa. ¿Cómo sería si no tuvieras necesidad de tu pareja? ¿Y si ni siquiera necesitaras tener una pareja en tu vida?

Si no tuvieras la necesidad de que tu pareja fuera de una manera determinada, tendrías gratitud por aquello que tu pareja es capaz de proveer. Tendrías gratitud por el regalo que es en tu vida. Tendrías gratitud por la relación que tienen. Si reconoces el lugar en el que puedes tener cualquier cosa y no necesitas nada, el universo entero será un regalo para ti.

¿Qué sucedería si tú, como una dama,
comenzaras a hacer todo lo que siempre deseaste
y reclamaras todo lo que está disponible para ti?

"Pero necesito que me necesites"

Mientras hablábamos en clase acerca de ser sin necesidades, una dama compartió que durante una acalorada conversación con su esposo, le había dicho: "¡nunca voy a necesitar nada de ti!".

Él contestó: "¡pero yo necesito que me necesites!". Ella estaba sorprendida por el comentario, porque ambas declaraciones eran verdad y mentira al mismo tiempo. Ella nos dijo: "no sé lo que él necesita de mí".

Muchos hombres tienen necesidad de que los necesiten. Es la forma en que saben que los desean. Y al mismo tiempo, muchas mujeres se resisten a la idea de que un hombre las necesite. Dicen: "¡no quiero que me necesite!". Una dama entiende lo que esto es: no se te necesita en el sentido de que el hombre está necesitado. Te necesita desde el punto de vista de que el hombre quiere saber que lo deseas.

¿Puedes proporcionar lo que necesita otra persona?

Si reconoces lo que alguien necesita, puedes proporcionarlo de tal manera que no te haga perder ninguna parte de ti. Si sabes que tu pareja necesita que la necesites, ¿podrías brindárselo para crear algo diferente para ambos? ¿Cómo sería si decidieras que el hombre te concede un honor cuando cree que puedes darle eso?

Como una dama, sabes cuando alguien te desea y lo que desea de ti. Si estuvieras dispuesta a admitir y a reconocer eso, ¿se crearía algo diferente a lo que tienes actualmente?

Dar demasiado

A veces escuchar esto es difícil para las mujeres. Pueden llegar a conclusiones que no tienen nada que ver con lo que he dicho. Una participante de la clase pensó haberme oído decir: "necesitas darle al hombre todo lo que desea". Pero ese no es el mensaje.

Mientras hablábamos de eso, se dio cuenta de que había estado dando demasiado en sus relaciones. Dijo: "le he dado a los hombres todo lo que necesitan y ellos solo me abandonan".

Yo respondí: "¿qué estás dando que es mucho más de lo que el noventa por ciento de las personas en el planeta pueden recibir? Estás dando demasiado. Tienes que darte cuenta de lo que pueden recibir las personas, no de lo que tú puedes dar".

¿Y si pudieras ver lo que se necesita
y dar solo lo que las personas pueden recibir?

Dar y recibir

Aprender a dar lo que la gente puede recibir y recibir lo que la gente tiene para dar, son dos de las más grandes lecciones que puedes aprender. Esto es algo que tú, como dama, puedes hacer. Eres una dama cuando estás presente con los demás y te interesas por ellos. Estás dispuesta a recibirlo todo. Y a dar lo que pueden recibir.

En una ocasión, una amiga estaba en un aeropuerto esperando un vuelo cuando notó a una anciana dama, aferrada a su pase de abordar, que parecía desconcertada. Mi amiga intentó hablar con ella, pero no pudo entender el idioma de la otra. Mi amiga miró el pase de abordar de ella y le dejó saber que estaban en el mismo vuelo y que estaba en el lugar correcto. Solo tenían que esperar un rato. Después contactó al agente en el mostrador para asegurarse de que alguien ayudara a la dama cuando fuera el momento de abordar el avión. Su acto de amabilidad fue completamente recibido por la dama, que estaba tan agradecida que hizo que los ojos de mi amiga se llenaran de lágrimas.

Después, cuando aterrizaron, había al menos diez personas esperando a la dama. Ella les contó acerca de la amabilidad de mi amiga y la comenzaron a saludar alegremente, estrecharon su mano y le agradecieron profusamente. Mi amiga dijo: "era mucha gratitud para recibir. En el pasado, tal vez la hubiera menospreciado y hubiera dicho algo como: 'no hay problema'. En cambio, recibí totalmente su gratitud y su alegría como el regalo que era, lo que los hizo aún más felices".

¿Y si siempre pudieras dar lo que se puede recibir
y recibir lo que se da?
¿Puedes ver la facilidad que sería posible con esto?

¿PUEDES RECIBIR QUE ERES UNA DAMA?

La elegancia de ser una dama comenzó a desaparecer hace cerca de cien años, cuando dio inicio la liberación femenina y perdió vigencia ser una dama. Esto ha tenido un impacto increíble en la forma en la que las mujeres son en el mundo, en la manera en que trabajan, en las relaciones que crean, y ha afectado profundamente su habilidad de recibir en todas las áreas de sus vidas.

La consciencia es la habilidad de estar presente en tu vida, en cada momento, sin juicio de ti ni de nadie más. Es la habilidad de recibir todo, sin rechazar nada y de crear todo lo que deseas en la vida; más grandioso de lo que tienes actualmente y más de lo que puedes imaginar.

La voluntad de recibir es un componente clave de una relación feliz, y es la cualidad clave que distingue a una dama de una mujer.

Recibir es una de nuestras mayores capacidades, y sin embargo la rechazamos más dinámicamente que a cualquier otra. ¿Cuánto de tu vida pasas en hacer, hacer y hacer en lugar de recibir? ¿Con qué frecuencia estás presente y dispuesta a recibir el atardecer que sucede fuera de tu ventana? ¿O un beso de tu amante? ¿Y qué tal eres para recibir dinero?

¿Y si pudieras recibir todo exactamente como es,
sin juicio? ¿Cómo sería?

¿Piensas que tienes que hacer todo tú misma?

Uno de los efectos de la liberación femenina fue convencer a las mujeres de que son capaces de hacer todo solas. Una participante en la clase lo puso de esta manera: "me gustaría estar dispuesta a recibir de todos, pero en cambio, siento que necesito demostrar que puedo hacer todo yo sola y que soy tan fuerte y capaz que no necesito a nadie". Esta es la forma en la que piensan muchas mujeres. Una mujer me dijo que un hombre le ofreció subir con sus víveres 7 pisos por las escaleras, pero ella no aceptó su oferta. Ella necesitaba demostrar que podía hacerlo sola.

He experimentado directamente esta necesidad que tienen algunas mujeres de hacer todo por ellas mismas. En un viaje a Nueva York le abrí la puerta a una mujer y recibí una reacción inesperada. Para mí era una acción de caballero; eso fue lo que me enseñaron cuando era niño. La mujer me golpeó y dijo: "no soy una persona débil. No necesito que haga eso por mí".

¿Por qué abrir una puerta a alguien u ofrecerse a llevar sus provisiones no sería visto como un gesto amable? Los hombres tienen que aprender a honrar a las mujeres, y también a otros hombres. Lo mismo aplica para las mujeres. Todos tenemos que aprender a honrarnos unos a otros y a nosotros mismos al dar lo que puede ser recibido y al estar dispuesto a recibir lo que hacen por nosotros como un regalo. Es acerca de dar y recibir amabilidad.

¿Le pides a los hombres que hagan cosas por ti? ¿O rehúsas sus ofrecimientos de ayuda? ¿Tienes la actitud de: "no quiero que hagan nada por mí"? Una dama siempre está dispuesta a recibir lo que un hombre le ofrece.

¿Qué es lo que no estás dispuesta a recibir de los hombres?
¿Y si ser una dama significa que los hombres harán todo lo que deseas?
¿Estarías dispuesta a recibir eso?

Recibir verdadero

Un componente clave en una relación feliz es estar dispuesta a recibir. Esta es la cualidad que distingue a una dama de una mujer. Mientras hablábamos acerca de la película *It Happened One Night (Sucedió una noche)*, una participante de la clase dijo: "parecía como si Ellie inspirara a Peter a cuidar de ella y a que la acompañara en su viaje". Estoy de acuerdo. Esto sucedió porque cada uno estaba dispuesto a recibir del otro. Estaban dispuestos a ser algo diferente de lo que pensaban que debían ser, y estaban dispuestos a recibir quien era la otra persona.

La mayoría de las personas no se dan cuenta de lo que es el verdadero recibir. Crean un universo de uno u otro en el cual hay cosas que van a recibir y cosas que no. Pero el verdadero recibir es acerca de recibir todo y a todos sin juicio ni resistencia. El verdadero recibir es en realidad consciencia total. Cada punto de vista fijo que adoptas es algo que has elegido para probar que no tienes que recibir. Sin embargo, existe otra opción: puedes elegir recibir un universo de posibilidad total.

¿Cuándo fue la última vez que te permitiste recibir verdaderamente?

VERDADES, MENTIRAS Y JUICIOS

Una participante de la clase expuso una idea interesante acerca de la liberación femenina: "he estado viendo películas viejas y realmente las he disfrutado. Veo que la dinámica actual entre los hombres y las mujeres es muy diferente a lo que era antes. Me pregunto, ¿cómo sería el mundo si nunca hubiera ocurrido la liberación femenina?".

La perspectiva del movimiento de liberación femenina era que a las mujeres no se les permitía tener poder. Pero ¿eso era realmente cierto? Las damas siempre han tenido un poder tremendo. No solo eso, también han sabido cómo usarlo. En contraste, considera cuántas mujeres se vigilan a sí mismas de cerca hoy en día. Se detienen. Han llegado a la conclusión de que no se les puede confiar el poder y la potencia que siempre han tenido.

¿Has tratado de creer que no tienes potencia?

Esta es una de las mentiras más comunes que se cuentan las mujeres: "los hombres no quieren que seamos poderosas. Están tratando de mantenernos oprimidas". Muchas mujeres escuchan esa frase y piensan: "sí, es cierto". ¡No es cierto! Eso solo valida un punto de vista insano. Cuando te crees una mentira no creas una posibilidad. Lo que creas es la ilusión de que algo es cierto cuando no lo es.

A una dama nunca la controlan las mentiras de nadie. Nunca se cree una mentira. Ella nunca se cree un juicio. Cuando escucha uno, simplemente lo reconoce por lo que es. Lo considera y pregunta: "¿qué es esto?". Y reconoce: "¡oh, es una mentira!". Ser consciente es mucho más divertido que creer en mentiras. Lo cierto es que hay hombres que quieren crear para ti y contigo, pero han sido destripados por la liberación femenina y por el punto de vista de que las mujeres no necesitan a los hombres.

¿Qué pasaría si estuvieras siempre dispuesta a ver lo que es verdadero y nunca te creyeras las mentiras?

Lidiar con el juicio

La gente a menudo se ve atrapada en los juicios que otros tienen sobre ella. Pregúntate: "¿cómo puedo lidiar con este juicio?", o "¿cómo debería reaccionar cuando me juzgan?". ¿Qué es el juicio? El juicio es solo una mentira que la gente te dice. En cada juicio hay una mentira. ¿Por qué harías real una mentira?

¿Cómo haces cuando alguien te juzga? ¿Cómo respondes? Simplemente reconoce que el juicio es una mentira y pregunta: "¿cuál es la mentira en este juicio?".

A menudo suponemos que los demás nos juzgan. Una amiga me dijo que un día llegó al trabajo sintiéndose realmente genial. Una mujer la saludó en la recepción y dijo: "¡Oh, parece que vas vestida para un cóctel!". El mensaje que mi amiga recibió de inmediato fue: "tu ropa es demasiado brillante para usar en la oficina".

Por suerte, mi amiga tuvo la presencia de ánimo para reaccionar de manera diferente a la de simplemente aceptar el juicio que percibió. Comentó: "¡Es gracioso que esta mujer piense que mi ropa es apropiada para un cóctel! Estoy muy agradecida de haber pensado eso en lugar de: '¡oh no, no estoy vestida apropiadamente!'.

O 'necesito usar colores más discretos'. Lo que recibí es que era el momento de intensificar aún más la forma en que me visto".

Esto no es lo que hacen la mayoría de las personas con los juicios. Se alinean y los aceptan, o reaccionan y se resisten a ellos. Creen que son verdaderos. Tratan de encontrarles el valor o el mérito. O reaccionan en su contra y tratan de ver lo equivocado del juicio. O tratan de descifrar la razón por la que esa persona las juzga. O dicen: "¡oh no, esta persona me está juzgando! Esto es terrible. ¿Qué puedo hacer?".

Por favor toma en cuenta que la gente te juzga solo por una razón: te quiere controlar. Puedes pensar que no permitirías que nadie te controle, pero eso es justo lo que haces cuando crees los juicios de los demás. Ya te han controlado. Te controla su mentira porque crees que es verdad.

¿Cuántas veces te ha dicho alguien que te ama? ¿Le creíste? Lo hiciste. Querías creer que el juicio de que te amaba era verdadero y real. Y lo que él quería era controlarte.

A una dama nunca la controlan las mentiras de nadie. Cuando escucha un juicio, simplemente lo reconoce por lo que es. Lo considera y pregunta: "¿qué es esto?". Y se da cuenta: "¡Oh, es una mentira!". Voy a decirlo nuevamente: ser consciente es mucho más divertido que creer mentiras.

¿Qué sucedería si siempre estuvieras dispuesta a ver lo que es verdadero y nunca te creyeras las mentiras?

Consciencia total de todo

El juicio es una forma de evitar lo que es y lo que puede ser. Te distrae de crear lo que deseas; te impide crear lo que es posible. ¿Por qué es eso? Porque cuando juzgas, o cuando crees o te resistes a un juicio, apagas tu consciencia de lo que es posible para favorecer lo que has concluido.

Una participante de la clase, que también es maestra, me dijo que había dejado de ir a la sala de descanso para maestros en su escuela porque sus colegas se la pasaban allí sentados quejándose y juzgando a los demás. No quería socializar con ellos, así que siempre se quedaba en su propia área. En nuestra clase preguntó "¿cómo manejo esto? ¿Es esto un ejemplo de no ser una dama?".

Cuando te separas de las personas en un grupo, cortas tu consciencia. Esto es un problema porque requieres ser consciente de quién del grupo está juzgando a los demás y trata de controlarlos con su juicio. No es que esto sea necesariamente acertado o equivocado, o bueno o malo; es solo lo que es. Hay líderes de opinión en cada grupo. Si sabes quiénes son los líderes de opinión, puedes utilizarlos, evitarlos o controlarlos.

¿Cómo controlas a los líderes de opinión? Descubres cuáles son sus opiniones al estar ahí y observarlos al juzgar. Cuando detectas una apertura, dices inocentemente: "¡Vaya! Nunca lo había visto de esa forma. ¿Cómo es que llegaste a esa conclusión?". Entonces ellos tienen que justificar su conclusión, y al hacerlo, tanto tú como las otras personas en la habitación pueden darse cuenta de lo que hacen. No evites los grupos. Si los evades entonces te conviertes en su efecto. Tú quieres tener consciencia total de todo.

TAREA

Haz una lista de todo lo que has decidido que es y no es una dama, y de todo lo que has decidido que debe ser. Cuando hayas terminado, lee cada decisión en tu lista y pregunta:

- ¿Esto es realmente verdadero?
- ¿Estoy inventando esto?
- ¿Esta decisión sobre lo que es o no una dama, me mantiene en los juicios, en las agendas, en las invenciones y en las mentiras de no recibir?

Después considera todo lo que escribiste y pregunta:

- ¿Son juicios de lo que eres?
- ¿Son juicios de lo que piensas que deberías ser?
- ¿Cuál de estos juicios determina que no puedes ser una dama o que no tienes que ser una dama?

¿Qué es lo que no estás dispuesta a percibir, saber, ser y recibir sobre cómo usas estos juicios para decidir lo que eres y lo que no eres?

UNA DAMA EN LOS NEGOCIOS

Una dama en los negocios es una fuente de poder y de consciencia. No es la fuente del control ni desea serlo. Ella ve lo que va a *crear* y no lo que va a *controlar* cada elección.

Cuando una dama cuenta con empleados o compañeros de trabajo, está dispuesta a ver lo que ellos pueden contribuir, sin juzgarlos ni tener un punto de vista acerca de lo que hacen. Es una líder que inspira a las personas a explorar y convertirse en más. Sabe que cuando hay personas trabajando con ella, tiene que dejar ir el control. El control es la idea de que tienes que impedir que alguien se equivoque antes de que lo haga. Ella permite que las personas cometan errores, porque sabe que cuando lo hacen o cuando eligen algo que no funciona, usualmente no vuelven a hacerlo. Reconoce que la mayoría de las personas no quieren hacer un mal trabajo.

Control

Desafortunadamente, muchas personas en los negocios, tanto hombres como mujeres, piensan que deben usar el enojo, la fuerza y la dominación para controlar o para hacer que las cosas cambien. Una amiga empresaria tenía a un miembro de su equipo que hacía esto. Mi amiga me preguntó cuál sería la mejor manera de trabajar con esa persona. Le dije: "haz preguntas", y le di tres preguntas para hacerle al miembro de su equipo:

- ¿Cuál es el propósito de este enojo?
- ¿Qué intentas lograr con esto?
- ¿Cómo es que te funciona mejor el enojo que la comunicación?

Tienes que ver si estás creando desde la fuerza o desde la debilidad. La mayoría de las mujeres piensan que tienen que controlar todo el tiempo. Es parte de demostrar que aciertan y que los hombres están equivocados. Tratan de demostrar su fuerza para ver a quién pueden dominar.

Hace varios años, tuve una jefa. Ella era muy mala con todos los que trabajaban para ella para probar que era igual que un hombre. Ser malo nunca es una fortaleza; es tratar de dominar a través de la fuerza. En realidad es una debilidad.

¿Puede alguien controlarte realmente?

Una participante en la clase habló acerca de ser mala con los hombres que ella considera competitivos con ella en el trabajo. "Me gustaría dejar de hacer eso", nos dijo. "Me la paso diciendo: 'ya no lo voy a hacer', pero sigo haciéndolo. Hay hombres que son tan capaces, o más, que yo. Hay un hombre en la oficina con quien reacciono especialmente. Él me dice: 'quiero que hagas esto', y yo le contesto: 'bien' y después espero un rato antes de hacerlo, solo para *enseñarle*. ¿Cómo puedo dejar de reaccionar a sus exigencias?".

Yo le pregunté: "cuando él te da una orden, ¿qué crearía si dijeras: 'lo siento. No puedo hacerlo. Va tan en contra de mis creencias, que simplemente no puedo hacerlo'? ¿Qué elegiría él en esa situación? O ¿qué tal si dijeras simplemente: '¡No!' en una situación como esa? Tienes que ver lo que va a crear tu elección".

El momento en el que crees que alguien es más capaz que tú, renuncias a tu fortaleza.

Mi madre siempre fue una dama, y a veces cuando la gente le pedía hacer cosas, ella decía: "Oh, lo siento. No creo poder hacer eso". Entonces, alguien siempre se ofrecía a hacerlo por ella. ¿Por qué sucedía esto? Porque ella era una energía que le hacía a otros querer hacerlo por ella. Ella era una *energía*, no un *enemigo*. No trataba de controlar nada, pero siempre supo como obtener lo que deseaba. Una dama solo hará lo que puede ser recibido. Ella nunca hará algo que no puede ser recibido porque sabe que no va a funcionar.

Muchas mujeres se enfrentan a situaciones como esta. Pasan sus vidas tratando de probar que no son las débiles cobardes en las que piensan que los hombres tratan de convertirlas. ¿Por qué tratarías de hacer eso? Podrías pensar que te pone en control, pero ¿puede alguien controlarte realmente? ¿Por qué te preocuparías de que alguien te controlara? ¿Por qué tratarías de controlar a otros? Por favor observa cómo tratas de controlar a las personas con las elecciones que haces y la forma en que las haces.

Una dama sabe que es única por derecho propio. No tiene que estar en control. Ella toma el liderazgo solo cuando es apropiado. Una dama también puede ser controversial, pero es controversial en el sentido de inspirar a las personas a ser diferentes o a hacer algo diferente. No usa la fuerza con las personas. Simplemente las inspira.

La fuerza de una dama es la habilidad de manipular cuando es necesario, o usar la astucia o el coqueteo para obtener siempre lo que quiere.

¿Elegiste el estatus de enemigo en un intento de controlar a los demás?

Busca la energía que va a crear una posibilidad diferente

Una amiga me contó que ella y su esposo estaban tratando de hacer que la ciudad aprobara su plan para construir un negocio en un terreno de su propiedad. Ella dijo: "se ha convertido en algo muy complicado, porque una vecina se opone al proyecto. Un día, pasé por el edificio y esa vecina estaba en la calle. Estaba tomando fotos del edificio con su teléfono. Me detuve por unos segundos cuando la vi, e inmediatamente pensé: '¡quiero matarla!'.

"Pero me pregunté: '¿qué va a crear si me detengo a hablar con ella? Y ¿qué va a crear si no lo hago? Vamos a ver si puedo, de alguna forma, cambiar la energía'. Me detuve y le dije: '¿sabes? esto es propiedad privada. Sal de mi propiedad. Ella me contestó: 'no estoy en tu propiedad, ni tengo que justificarte lo que hago'. Volví a pensar: '¡quiero matarla!'".

Le pregunté a mi amiga: "¿qué podrías haber hecho que te hubiera permitido dominar la situación?".

"Bueno, podía haber sido amable con ella" dijo. "Reaccioné en una forma en que no quería. Podía haber ido por el camino de la amabilidad".

Le dije: "No necesitabas crear conflicto. Una dama no crea conflictos".

"Sí, lo sé", respondió. "Sin embargo, lo sigo haciendo".

Cuando creas conflicto, lo único que logras es crear enemigos. Es cierto que a veces tienes que estar dispuesto a crear enemigos. A veces tienes que permitir que otros elijan hacerte su enemigo, pero también es posible manipular esas situaciones para que puedas obtener lo que tú quieres. Como mi madre solía decir: "vas a atrapar más moscas con miel que con vinagre". Tienes que considerar qué va a crear más en cada situación.

Siempre busca la energía que va a crear una posibilidad diferente. Una parte importante de esto es saber lo que pueden recibir los demás. Pregunta: "¿qué puede recibir esta persona?", y no: "¿qué puedo obtener de esta situación?". Si eres consciente de un millón de energías diferentes, pregunta: "¿qué energía puedo elegir que cambiará esta situación?". Tienes que estar dispuesto a tener cambio.

Conviértete en una fuente de poder

Cuando eres la fuente del control, piensas que tienes que controlar a otras personas y obligarlas a que hagan algo. Piensas que tienes que dominar para controlar a todos en tu entorno y ser la fuente de todo lo que eligen. Pero como dama, tienes que estar dispuesta a jugar un juego completamente diferente. Tú eres la fuente del poder que crea el futuro, la fuente del poder que crea la posibilidad y la fuente del poder que crea una realidad que se expande continuamente.

Cuando eres la fuente del poder, tienes consciencia del futuro. Estás consciente de cómo cada elección que haces mueve todo lo demás. Es como en *Star Trek*, donde tenían un tablero de ajedrez en tres dimensiones con tres capas. Cada vez que alguien movía una pieza en uno de los niveles, eso afectaba las otras dos capas del tablero de ajedrez. Tienes que empezar a funcionar con ese tipo de consciencia.

La mayoría de las personas en los negocios juegan a las damas inglesas en lugar de al ajedrez y ni hablar de un ajedrez en tres dimensiones. Están tratando de ganar en un juego de una sola dimensión. Pero cuando eres la fuente del poder, juegas un juego más grande. Estás creando una vida que se basa en posibilidades multidimensionales, no una en un sistema de control de una dimensión.

El síndrome de alta exposición

Tú, como dama, tienes el poder de crear algo más grandioso de lo que son capaces de crear los demás. Cuando estás dispuesta a hacerlo, creas el espacio para que se muestren cosas más grandes para ti y para todos en tu vida. Tienes que estar dispuesta a tener el síndrome de alta exposición: una persona que, cuando se destaca y hace cosas extraordinarias, puede que la resientan, la ataquen o la reduzcan.

A causa de la liberación femenina, la mayoría de las mujeres no tiene el poder de creación que tiene una dama. Les han enseñado a hacerse cargo o tomar el control para poder crear un *resultado*. A veces se preguntan: "¿cómo puedo vivir una vida que no sea exagerada?". Eligen una realidad pequeña, predecible, y "normal" que sea controlable en lugar de una vida llena de posibilidades. Eligen no tener alta exposición.

¿Alguna vez te has contenido para no sobresalir? ¿Alguna vez has dicho cosas como: "Oh, este hombre estaría bien como pareja. No quiere una vida mejor, así no tendré que destacarme para ser una estrella"? Entonces, dices: "¡espera! ¡Yo quiero ser una estrella!".

Eres la única que te impide ser una estrella. Tienes elección. Si vas a ser la fuente del poder, tienes que elegir una vida más grandiosa. No digo que necesites rechazar lo pequeño. Es que no tienes que elegir vivir solo con lo pequeño.

Predictibilidad contra posibilidad

Elegir una vida más grandiosa nunca se trata de elegir lo que es predecible. Por ejemplo, una mujer me contó acerca de una interesante oferta de negocio que le hizo un hombre, pero en lugar de ver lo que era posible con la oferta, ella quiso saber inmediatamente lo que era predecible. ¿Qué iba a hacer él?

¿Cómo iba a ser él? ¿Cuánto dinero iba a invertir? Ella no hizo las preguntas esenciales:

- ¿Qué es posible aquí que no he visto?
- ¿Qué es posible aquí que podría hacer que él eligiera? Porque soy una dama que tiene esa clase de poder.

Estar en la pregunta

Siempre se reduce a hacer preguntas, o como me gusta decir, estar en la pregunta. ¿Por qué hacer una pregunta? Porque una pregunta te ubica en tu consciencia y una dama en los negocios funciona desde la consciencia las 24 horas del día los 7 días de la semana. Ella vive en un mundo basado en las preguntas y en la consciencia y hace elecciones sin llegar a conclusiones. La conclusión procura intentar obtener el resultado que crees que buscas.

Cuando un miembro de su equipo pregunta: "¿qué debo hacer aquí?", una dama no dice: "haz esto". Cuando alguien pregunta: "¿Es esto lo mejor que se puede hacer?", ella no dice sí o no. Ella no dice: "tienes razón" y no dice: "estás equivocado". Hace una pregunta que crea un espacio en donde las personas pueden determinar por sí mismas aquello de lo que son capaces y pueden ser conscientes de aquello que no saben. Usa preguntas como: "¿qué piensas tú que va a crear un mayor resultado?".

Una dama siempre crea y elige la posibilidad. Siempre pregunta: "¿qué es posible aquí que no he elegido aún?".

¿Qué fuente de poder puedes ser que no estás eligiendo?

Sin juicio

Finalmente, ser una dama en los negocios es acerca de no tener juicios. Se trata de estar en la pregunta y elegir la posibilidad para un futuro más grandioso, que es una realidad enormemente más grande de la que la mayoría de las personas están dispuestas a tener. Una dama no funciona como si estuviera sujeta a esta realidad. Ella funciona desde: "mi realidad es *esta*", lo que es una fuente asombrosa de poder. Ella usa esta clase de preguntas:

- ¿Qué piensas que va a crear un mejor resultado?
- ¿Qué clase de resultado estás buscando?
- ¿Qué es lo que deseas?
- ¿Qué elección podrías hacer que creará más?

Hacer que la gente vea las maneras en las que es creadora

Hablé con una amiga que estaba liberando espacio en su horario de trabajo para poder hacer otras cosas. Ella había estado entregando su vida a su negocio y se dio cuenta de que esa no era la forma en la que quería vivir. Me dijo: "estoy decidida a cambiar esto, pero todavía estoy lidiando con lo poco familiar que es para mí y las personas que trabajan para mí".

Le pregunté: "¿qué pasaría si llegaras al trabajo y dijeras: 'Vaya, ¡las cosas se sienten diferente aquí! ¿Qué cambiaron, chicos, que se siente tan bien?'. ¿Eso crearía más? Pienso que sí, porque tus empleados comenzarían a ver que ellos son creadores. Haz que las personas vean las formas en las que son una contribución y una creación. Y al hacerlo, se convierten en más de eso. Y también lo haces tú".

Tus empleados siempre tienen un punto de vista. Hazles preguntas. Si quieres comenzar algo nuevo, podrías decir: "creo que si añadimos esto al negocio, tal vez pueda expandirse, ¿qué piensan?". O: "¿qué quieren hacer para expandir este negocio?". También hazte preguntas tú. Por ejemplo, si estás comenzando un negocio nuevo, pregunta:

"¿Qué tipo de ingresos puedo crear con este negocio? Una dama siempre hace una pregunta.

Una dama siempre elige ser líder en los negocios. ¿Por qué? Pues porque ve el valor de lo que tiene que ofrecer y no se hará menos o se negará a sí misma de ninguna manera. Mi amiga Chutisa es un gran ejemplo de una dama en los negocios que elige ser líder. Ella no es solo una dama en los negocios, ella es una dama sin importar lo que ocurra. Ella siempre ve hacia el futuro. No es ruda ni se enoja. No tiene que hacerlo porque hace preguntas y funciona desde un sentido mayor de consciencia.

Cuando realmente estás dispuesta a crear, conquistas la realidad de todos los demás. Una dama siempre se ajusta a las circunstancias para poder crear más. Siempre está dispuesta a preguntar: "¿qué otras cosas son posibles aquí?". Ajustarse a algo es muy distinto a hacer un compromiso. Hacer un compromiso es el punto de vista de que tienes que renunciar a algo para poder estar con alguien. Una dama nunca renuncia a partes de ella misma para estar con otra persona, tampoco lo hace un caballero. Ambos siempre tienen claridad acerca de lo que funciona para ellos. Siempre preguntan: "¿cómo podemos hacer esto diferente?". Esa pregunta crea una posibilidad distinta. Estate dispuesta a reconocer que todas las cosas pueden cambiar. Pregunta: "¿qué más es posible aquí?". Mantente en la pregunta de lo que puedes crear y de cómo puedes crearlo.

Fuerza verdadera

Muchas mujeres identifican erróneamente lo que es la fuerza. Deciden que lo fuerte es tener la razón. Pero la verdadera fuerza no se trata de tener o no la razón. La verdadera fuerza es acerca de reconocer las posibilidades de todas las cosas y estar dispuesto a elegirlas, sin importar si nadie más está de acuerdo contigo.

Si prefieres tener la razón que ser consciente, para poder probar que estás bien, inevitablemente tendrás un punto de vista que validará la insania que has elegido. Esto es muy común hoy en día. La validación de la insania nunca es una verdad.

Una dama nunca necesita tener la razón y nunca tiene que estar equivocada. Solo tiene que ser lo suficientemente fuerte para ver lo que las cosas son. Ella tiene la voluntad de ver lo que se le presenta como es. Pregunta:

- ¿Qué es esto?
- ¿Qué hago con esto?
- ¿Puedo cambiarlo?
- ¿Realmente quiero cambiarlo?
- Si es así, ¿cómo lo cambio?

Si necesitas tener la razón, entonces no eres una verdadera líder. Solo eres la encargada. Estás al mando. Pero eso no te da la razón, y además terminas teniendo que hacer todo el trabajo.

¿Qué juicios, agendas, invenciones y mentiras estás usando para crear una vida predecible, discreta, del tamaño de una estampilla postal que nunca requiere que seas una dama que crea posibilidad con cada elección que hace?

¿Elegiste crear tu vida para que no sea más de lo que puedes manejar?

¿Cuántos juicios hiciste para decidir lo que no puedes manejar?

Haz una lista de esos juicios.

COMPETENCIA

Una amiga que canta ópera me dijo que se estaba preparando para una realidad más grandiosa en su vida al formar parte de una competencia de canto.

Le pregunté: "¿y si estuvieras dispuesta a ir más allá de la competencia? ¿Y si vieras que este concurso no es una competencia con ganadores y perdedores sino una oportunidad para que brilles? ¿Y si no trataras de obtener un resultado determinado con tu actuación? ¿Y si estuvieras dispuesta a ser tú sin importar los puntos de vista de nadie más acerca de quién eres o lo que puedes hacer?".

Cuando estás interesada en la posibilidad, siempre ganas

Por favor deja de creer que la competencia es real. Por favor deja de compararte con otras personas. Solo puedes perder cuando estás interesada en la competencia. En cambio, interésate en la posibilidad. Cuando estás interesada en la posibilidad, siempre ganas. Nunca se trata de buscar un resultado en particular. Es sobre preguntar: "¿qué más es posible aquí?".

Existe un mundo diferente cuando estás dispuesta a funcionar de esta forma. Cuando veas a las personas competir, haz algunas preguntas:

- ¿Qué es lo que deben tener?
- ¿Qué es lo que tratan de lograr al elegir esta competencia?

- ¿Qué es lo más importante para mí?

Cuando haces estas preguntas, puedes desarrollar una consciencia de lo que es importante para los demás y lo más importante, lo que es importante para ti.

Generosidad de espíritu

Cuando era niño iba a los concursos de ortografía y siempre quedaba en segundo lugar. Obtenía este resultado no porque no pudiera deletrear una palabra en particular, sino porque sabía lo devastado que iba a estar el otro niño si yo ganaba. Así que elegía dejarlo ganar. Sabiendo que lo que había hecho era mucho más importante para mí que probar que podía ganar.

Algunas personas podrían decir: "bueno, sí, pero tú no eres responsable por lo que sienta otra persona". Es cierto, pero para mí esa es una forma de asegurarme que no eres generoso de espíritu. Si supieras que la otra persona necesitaba ganar, ¿te importaría perder? Si tuvieras la capacidad de ser una gran cantante de ópera en una competencia, y supieras que alguien más moriría si no lo logra, ¿tendrías que probar que eres una cantante de ópera grandiosa? O ¿podrías solo ser la grandiosa cantante de ópera que eres? Tienes que estar dispuesta a ser lo que eres, sin importar si alguien más ve aquello de lo que eres capaz.

Cuando no eres generosa de espíritu, haces cosas desde el punto de vista de que tienes alguna necesidad o careces de algo, sin importar lo que sea. Piensas que ganar una competencia va a satisfacer esa necesidad. Esencialmente, lo que dices es: "carezco del reconocimiento de las personas. Carezco de que las personas me reconozcan y me vean". Yo trato de nunca tener el punto de vista de que carezco de algo. Si la gente ve lo que soy y lo que hago, eso es genial. Si no ve lo que soy y lo que hago, no me importa. ¿Por qué no me interesa? Porque no es importante para mí como me ven otras personas. Para mí es importante cómo me veo yo. No necesito personas que me reconozcan. Elijo ser por mí.

El reino de *nosotros*

Se trata de funcionar desde el reino de *nosotros* en lugar de desde el reino de yo. El reino de yo es acerca de entender lo que quieres como si tuviera que haber una separación con todo y todos los demás. El reino de *nosotros* es una consciencia de unicidad y consciencia. Es una consciencia que incluye todo y no juzga nada. Nuestra consciencia de lo que es posible aumenta exponencialmente mientras somos más conscientes de la manera en la que todas las cosas están interconectadas. Es acerca de vivir como la unicidad que verdaderamente somos.

Desafortunadamente, la mayoría de las personas no tienen el reino de *nosotros* como una realidad. Ellas tratan de funcionar desde el punto de vista de *mí*, *yo misma* y *yo*. Ellas piensan: "¿qué es importante para mí? ¡Todo! ¿Qué es importante para todos los demás? ¡Nada!".

El reino de *nosotros* incluye a todos, al mundo entero. Es acerca de preguntar: "¿cómo puedo crear más para las personas? ¿Qué puedo elegir que va a crear más para todos?". Este es el punto de vista que tiene una dama. A menos que la dama resurja nuevamente, nuestro planeta continuará sufriendo.

¿Qué energía, espacio y consciencia puedo ser para crear más posibilidades para el reino de nosotros por toda la eternidad?

¿Y si la competencia no fuera parte de tu mundo?

Una dama nunca está interesada en competir ni en cómo la ven los demás y nunca tiene que "presumir" o ganar. Ella solo tiene que ser. Siempre está buscando lo que es posible. ¿Y si estuvieras siempre dispuesta a brillar? ¿Y si la competencia no fuera parte de tu mundo? ¿Y si solo hubiera posibilidad?

La honestidad real es saber lo que quieres elegir. ¿Quieres elegir lo que te traerá dinero? ¿Quieres elegir lo que te traerá posibilidades? ¿Quieres elegir lo que ayuda a todos a tu alrededor? Pregúntate a ti misma:

- ¿Qué es exactamente lo que realmente deseo?
- ¿Qué es lo que verdaderamente deseo crear y generar?

GENEROSIDAD Y CUMPLIDOS

Una participante de la clase nos habló acerca de cómo percibe a los hombres que van a su gimnasio. Comentó: "se ven tan infelices. Han cortado totalmente su sexualness. Su energía es solo *blah*. Eso me deprime. ¿Qué más es posible?".

Lo que preguntaba realmente era: "¿cómo haces que alguien se avive?". Esto es algo que puedes hacer como una dama: sé una invitación a las posibilidades para otras personas.

Las mujeres no saben cómo invitar a otros a la posibilidad, pero las damas sí saben. Le sugerí a la participante de la clase que le dijera a un hombre en su gimnasio: "¡vaya, tu pareja tiene suerte de tener un hombre que se ve como tú!". Una dama reconoce que es única y que las otras personas también quieren ser únicas. Ella ve lo que es diferente sobre las personas, sin importar si son hombres o mujeres y las halaga.

¿Cómo sería si estuvieras dispuesta a verte como el regalo que verdaderamente eres y el regalo que puedes ser para otros?

Mi madre, que siempre era una dama, hacía sentir grandes y fuertes a los hombres, y lo hacía sin una onza de coqueteo. Ella simplemente halagaba a la gente. Yo la veía hacer eso, y pensaba: "eso es hermoso. ¿Cómo hace ella eso tan naturalmente?".

La generosidad es parte de ser una dama

Eres una dama cuando estás presente con los demás, cuando estás interesada en ellos y estás dispuesta a recibir quienes son. Un gran libro titulado *Marlene Dietrich: The Life* (*Marlene Dietrich: La vida)*, escrito por su hija María Riva, revela como Dietrich siempre halagaba y apoyaba a todos a su alrededor. Como consecuencia, cuando ella les pedía algo, ellos se lo daban instantáneamente porque ella había sido generosa y cortés. La generosidad es una gran parte de ser una dama y es algo que tienes que aprender y practicar.

Nada ocurre sin un equipo

Una dama que trabaja en el teatro me habló sobre su mentalidad de equipo. Ella dijo: "siempre he hablado con todos mientras trabajo en las producciones, no solo con los otros actores. Reconozco a todos y los incluyo en las conversaciones, nunca he tenido el punto de vista de que alguien es más o menos que alguien más".

Esto hace total sentido, ¿no es así? Una producción teatral no puede continuar a menos que todos contribuyan. No es que solo una persona es la estrella mientras alguien más es tramoyista. Sin el tramoyista, la estrella no puede hacer lo que requiere. Cuando tratas a todos como el regalo que son, todo es más fácil.

Esto es verdadero en cualquier ambiente de trabajo donde las personas tienen diferentes roles. Nada ocurre sin un equipo. Cuando lo hay, la gente apoya y realiza el trabajo de alguien más si es necesario. Piensa cómo ocurre esto entre ciertos grupos de animales y cómo promueve la supervivencia de todo el grupo. Pero los humanos han sido entrenados para la supervivencia de los individuos, no del conjunto. Una dama, sin embargo, nunca trabaja solo para sí misma; ella trabaja para todos. Tienes que asegurar la supervivencia de todos en conjunto.

Ser siempre una dama significa tratar a las personas de maneras que muestran que estás agradecida por lo que están haciendo. Haz eso y ellos querrán hacer más para ti.

VER LAS AGENDAS DE LOS DEMÁS

Una participante de la clase habló sobre que su esposo es uno de los manipuladores más asombrosos que ella haya visto jamás. "Veo la forma en la que él manipula a la gente, incluyéndome", comentó. "Pero nunca logro entender cómo lo hace. Parece como si fuera siempre a una puerta interna. Es increíble".

Le sugerí que comenzara a preguntar: "¿cuál es su agenda?". Cuando no estás dispuesta a ver la agenda de alguien más, te ciegas y dejas de recibir mucha información.

Ver la agenda de alguien es especialmente útil cuando estás lidiando con un hombre o una mujer que usa el trauma y el drama para controlar una situación o que las cosas salgan como desea. ¿Puedes ver de qué trata ese drama? ¿Puedes ver su agenda? O dices: "esta persona es una reina del drama. ¡Odio a las reinas del drama!".

Cuando odias a las reinas del drama, las rechazas. Cuando haces eso, no puedes ver lo que realmente están haciendo y no puedes ser consciente de sus agendas. Resistir o reaccionar a lo que hace alguien significa que tienes que eliminar tu consciencia. Odiar significa que tienes que eliminar tu consciencia. Enojarte significa que tienes que eliminar tu consciencia. Eliminas tu consciencia y te ciegas a las agendas de esa persona, para que cuando sea que la reina del drama explote en el trauma y el drama no puedas ver lo que están haciendo realmente.

No puedes ver lo que es posible cambiar, o lo que es posible ser o hacer diferente, o lo que podrías controlar o crear. Como resultado, la reina del drama siempre se sale con la suya, que es todo lo que quiere. El propósito del trauma y el drama es lograr que la dejes en paz para que no tenga que hacer nada y tú tengas que responsabilizarte de toda la carga.

Pero si preguntas: "¿cuál es la agenda de esta persona al ser la reina del drama?", serás capaz de controlar la situación con facilidad. Puedes preguntarte: "¿qué podría funcionar aquí?". También puedes preguntarle a la reina del drama: "¿Qué te gustaría ser o hacer diferente aquí?". Esto funciona porque tiene que salir del drama para responder a tu pregunta.

O puedes decir: "obviamente esto te está molestando mucho. ¿Qué es lo que te gustaría que sucediera aquí?". Y después puedes preguntar: "¿cómo ves que esto pueda cambiar o funcionar?". Pones a la persona a trabajar solucionando su propio problema y entonces dejará de ser tan dramática. Está tratando de controlarte al usar el drama, y funciona, pero solo si estás dispuesta a ver lo que está haciendo.

DINERO

Varias amigas me contaron que sus abuelas son damas pero sus madres no. Eso es porque sus madres formaron parte de la generación de la liberación femenina mientras sus abuelas fueron parte de una generación en donde ser una dama era un producto valioso. Esto las hizo a ellas el origen del dinero.

Desafortunadamente, el movimiento de liberación femenina hizo desaparecer la circunstancia donde se podía ser una dama sin importar las circunstancias. Convenció a la mujer de que la oprimían y que debía tener dinero para poder ser lo que quisiera. El dinero se convirtió en una medida de su valor, en lugar de una elección disponible para ella. Una dama sabe que todas las elecciones están disponibles para ella, sin importar si tiene dinero o no. El regalo de ser una dama es saber que ella puede cambiarlo todo.

Muchas personas tienen el punto de vista de que una dama siempre proviene de familia adinerada o que tiene dinero, pero no hay una definición de una dama basada en tener dinero. La mayoría de las damas saben que tendrán dinero. Al mismo tiempo, una dama sabe que puede ser quien es con o sin dinero. Ella no tiene que poseer dinero para poder tener posibilidad.

Una dama espera abundancia y copiosidad

Una participante de la clase proveniente de México habló sobre provenir de un linaje de damas. “Me acostumbraron a ser una dama”, dijo. “Pero tengo el punto de vista de que es vulgar lidiar con dinero, y que las damas no lo hacen. ¿Cómo puedo acceder a la energía de ser una dama, con respecto a crear abundancia y copiosidad?".

Mientras una dama sabe que puede ser quien es con o sin dinero, la mayoría de las damas siempre se las arreglan para tener dinero. Se las ingenian para tener dinero porque están dispuestas a ser el origen del dinero. La mayoría de las personas tratan de averiguar cómo obtener dinero y lo que tienen que hacer para conseguirlo, como si fuera difícil tenerlo. Pero la actitud de una dama no es: "voy a tener dinero". Es: "yo soy el origen del dinero". No se trata de obtenerlo ni de poseerlo. Eres su origen.

Una dama siempre espera abundancia y copiosidad, y no tiene que trabajar duro para crearlo. Le pregunté a la dama de México: "¿y si el dinero fuera tan simple como abrir tu bolsa y que estuviera ahí? Puede ser así, si estás dispuesta a funcionar como la dama que verdaderamente eres".

Una dama es una verdadera guerrera. Ella solamente mata cuando tiene que hacerlo, y nunca es grosera (excepto cuando lo hace a propósito, cuando la manipulación lo requiere). Lo mismo aplica con obtener dinero, lo hace a propósito. Ella nunca tiene dinero por accidente. Puede obtenerlo a través de una manipulación gentil o a través de la superioridad descarada. Obtiene lo que desea, pero no tiene que hacerlo con fuerza o negatividad. Lo hace por petición.

¿Qué puedes hacer o ser para ser la causa de aún más dinero con total facilidad?

UNA DAMA NO REQUIERE TENER DINERO PARA TENER POSIBILIDADES

Una dama con dinero

Algunas damas que poseen joyas y atuendos lindos piensan que, si se visten elegantes, va a ser "demasiado" para los demás. Yo digo: "¡vístete elegante todo el tiempo!". Si vas a tener todo lo que quieres en la vida, debes tener estilo y clase para que la gente rica venga a buscarte y la gente pobre, que se siente intimidada por ti, se aleje.

Dain vino a casa un día con un paquete enorme de ropa nueva. Él dijo: "he decidido deshacerme de toda mi ropa barata, las cosas que uso cuando solo estoy de flojo en casa. No voy a holgazanear más. Voy a mostrar lo mejor de mí todo el tiempo". Cuando comenzó a hacer eso, las meseras dejaron de coquetearle y las damas que tenían dinero comenzaron a voltear a verlo. ¡Vaya! Si quieres que los meseros traten de llevarte a casa, sigue vistiéndote pobremente. Si deseas que chicos con carros lindos te pidan una cita, vístete elegantemente.

Cuando elijas ropa, pregunta: "si uso esto, ¿atraeré a un hombre que va a apoyarme? ¿O voy a atraer a un hombre que quiera aprovecharse de mí?". Si te vistes pobremente, los hombres que no tienen dinero son los que van a acercarse a ti. ¿Sigues buscando a los hombres pobres que te van a amar? Muchas mujeres buscan este tipo de hombres porque saben que pueden abandonarlos. Por eso los eligen.

Cuando haces esto siempre van a haber personas que dirán: "eres tan arrogante. Te crees que eres tan grandiosa". Yo respondo a este tipo de declaraciones con algo como: "sí, ¿y cuál es el problema?". Entonces la persona usualmente dice algo como: "bueno, tú sabes, no todos tienen dinero". "Sí, lo sé", contesto. "Pero yo quiero tener dinero. No me importa lo que se requiera. Voy a tener dinero". Es un universo completamente diferente si estás dispuesta a reconocer lo que deseas tener y vas por ello.

¿Eliges a los hombres que puedes abandonar
en lugar de a los hombres que te mantendrían con el estilo
al cual estás dispuesta a acostumbrarte?

Nunca le digas a un hombre que es rico

Una participante de la clase habló sobre salir con un hombre que ocasionalmente decía: "tú sabes, no soy rico". Dijo: "es raro. Suena como una mentira. Yo siempre le digo: 'tú realmente eres rico'".

Sugiero que nunca le digas a un hombre que es rico. Cuando un hombre te diga que no es rico, conviértelo en una broma. Di: "Oh cariño, aún te amo. Si estuviera aquí por tu dinero, me darías muchas más joyas". O: "no te amo por tu dinero. Te amo por tu cuerpo candente". A menos que... ¿Estás con él por su dinero? Le pregunté si estaba con él por su dinero. Ella me aseguró que no era así. Ella dijo: "él sabe lo que me gustaría tener en mi vida, pero nunca se lo pido a él". Ella no le pide dinero a él porque ella es una dama.

¿Qué energía, espacio y consciencia puedes ser que te permita ser la dama infinita con posibilidades infinitas y futuros infinitos que verdaderamente eres por toda la eternidad?

Stella Dallas

Otra película que ilustra algunos de los principios de ser una dama es *Stella Dallas* con Barbara Stanwyck. Es una película fascinante y subestimada sobre una mujer que decide que quiere una "mejor vida" y que va a lograr lo que desea casándose con un hombre por su dinero. ¿Es eso lo que obtiene? No. Al principio, ella no está dispuesta a ver lo que va a crear su elección, y su marido se divorcia de ella. Es una película brillante con muchas sutilezas y Stella al final muestra que es una dama.

En las películas se ve, con frecuencia, a gente pobre que piensa que el dinero es la respuesta. Se ven personas con dinero que piensan que la belleza es la respuesta. Se ven personas con clase innata que piensan que su clase es un problema. Y después hay una persona como Stella Dallas. Stella, de hecho, es bastante vulgar y común, pero al final es una dama porque ve que su hija posee una capacidad mayor para la felicidad, la abundancia y copiosidad que ella, y entonces Stella hace lo que se requiere para darle a su hija la oportunidad de elegir una vida diferente. Una dama siempre observa lo que va a ser el futuro sin concluir o asumir un punto de vista acerca de ello.

Amabilidad

La película *Stella Dallas* muestra otro aspecto importante sobre ser una dama: la capacidad de ser amable. Helen, la viuda rica con quien Stephen Dallas se casa después de divorciarse de Stella, es una verdadera dama y actúa con clase. En algún punto de la película, ella invita a Stella a su mansión y la trata como todos deberían ser tratados, con cortesía, amabilidad y sin una onza de juicio.

La cortesía es una de las claves de ser una dama. Una dama siempre es cortés y amable. Nunca es cruel, porque nunca tiene que serlo. Una dama nunca se encuentra incómoda; ella maneja cualquier cosa. Es uno de los regalos que ella posee. Ella está dispuesta a estar presente como ella es y nunca es menos que eso.

Algunas personas creen que si son bondadosas, los demás se van a aprovechar de eso, pero nadie puede aprovecharse de una verdadera dama. Ella es amable porque elige ser amable. Una amiga me dijo que su papá solía decir: "querida, eres demasiado bondadosa. Tengo miedo de que se vayan a aprovechar de ti". Le dije que su padre no confiaba en que su hija sabía lo que hacía.

Mi amiga se rio y dijo: "sí, veo como siempre he funcionado desde el saber, incluso cuando era pequeña". Esto es verdad para todos nosotros. Hemos funcionado desde nuestro saber y desde nuestra amabilidad innata por mucho más tiempo del que creemos. Esto es parte de quien somos. ¡Pero tenemos que elegir serlo!

¿CÓMO VISTE UNA DAMA?

"Es interesante", comentó una participante de la clase: "que la elegancia de ser una dama murió hace cerca de 100 años cuando comenzó el movimiento de la liberación femenina. A mi cuerpo le encanta usar joyas que tengan al menos cien años de antigüedad, porque son muy elegantes y hermosas. Y me doy cuenta de que la mayoría de la ropa moderna es muy incómoda para mi cuerpo. No estoy segura de como manejar esto".

Le sugerí que viera los atuendos que las damas vestían hace cien años y viera si le gustaría usar ese tipo de ropa. Le sugerí que encontrara a alguien que pudiera hacer ropa que le gustara a su cuerpo y que funcionara para ella. Por ejemplo, ¿qué hay sobre las capas? ¿Por qué eran tan populares las capas hace cien años? Porque hay elegancia en ellas. Hay una forma en la que puedes moverte con ellas que hace que las personas te vean de una manera diferente. ¿No es eso lo que quieres con la ropa?

Elegir ropa que realmente te gustaría vestir

Tengo una amiga que está pasada de peso y ella usa vestidos que parecen sacos. Y siempre le han gustado hombres a quienes les agradan las mujeres delgadas que usan ropa entallada. Un día preguntó: "¿por qué esos hombres no me eligen a mí? Yo soy mucho mejor que las mujeres que ellos eligen".

Esos hombres eligen mujeres que van a sostener su realidad. Ellos usan a las mujeres como una imagen de lo que quieren mostrar a otros. A muchas mujeres las han educado para estar de acuerdo con esto.

- ¿Te enseñaron que tenías que ser el apoyo de un hombre y no una creadora por derecho propio?
- ¿Alguna vez has tenido a un hombre dispuesto a apoyarte a ti y a tu carrera?
- ¿Te has estado vistiendo para un hombre que está agradecido por tu carrera y que la apoya?
- ¿Te vistes para un hombre que ve el regalo que eres para él?

Aquí hay tres herramientas de Access Consciousness que puedes utilizar:

1. Punto de vista interesante

La primera herramienta es el punto de vista interesante. Esta herramienta te invita a considerar los puntos de vista que tienes acerca de cualquier tema bajo el sol, incluyendo tu ropa, y liberarte de ellos.

En una de las clases de Dain en Roma, alguien dijo: "¡Necesitas dinero para vivir en esta realidad!". Casi la mayoría de las personas asintieron con la cabeza como estando de acuerdo. Pero ¿y si esa declaración fuera solo un punto de vista interesante en lugar de algo que tienes que sostener con tu energía?

¿Y si cada punto de vista que tienes acerca de todo en tu vida, incluyendo tu ropa, no fuera un hecho, una verdad o una realidad? ¿Y si cada punto de vista no fuera nada más que un punto de vista interesante? ¿Y si no tuvieras que alinearte y aceptar, o resistirte y reaccionar a cualquier cosa que cualquiera, incluyéndote, hiciera, dijera o vistiera? ¿Y si dejaras que el punto de vista sea lo que es: solo un punto de vista interesante?

Aquí te muestro como se hace: Piensa en una situación en tu vida donde creíste que tenías que adoptar un punto de vista acerca de algo. Percibe ese punto de vista y repite para ti misma: "este es un punto de vista interesante, yo tengo este punto de vista". Espera un minuto y ve qué sucede. Nota la energía de esa declaración sobre el dinero – "¡Se necesita dinero para vivir en esta realidad!" – y una vez más di: "este es un punto de vista interesante, yo tengo este punto de vista". Hazlo una tercera vez. "Este es un punto de vista interesante, yo tengo este punto de vista". ¿Cómo parece esa declaración del dinero ahora?

La mayoría de las personas reportan que después de repetir: "este es un punto de vista interesante, yo tengo este punto de vista", varias veces, el punto de vista desaparece. La energía que tiene solo se disipa. En lugar de aferrarse al punto de vista como si fuera algún tipo de realidad o de verdad, comienzan a verlo por lo que es, nada más que un punto de vista interesante que han asumido.

Al darse cuenta de esto, sueltan todo lo que decidieron que es real y verdadero y pueden tener una elección diferente.

Trata de usar esta herramienta si tienes dificultad para encontrar ropa que realmente te gustaría usar y ve lo que pasa.

2. ¿Qué intento evitar con esta elección?

La segunda cosa que puedes hacer es realizar esta pregunta: "¿qué intento evitar con esta elección?". Digamos que tratas de elegir un vestido para usar en una ocasión especial. Te pruebas un vestido y estás parada frente al espejo. Pregunta: "¿qué intento evitar con este vestido que elegí?". ¿Intentas evitar verte sexy? ¿Intentas evitar tener que elegir un hombre que tendrá tanto como tú estás dispuesta a tener? ¿Intentas evitar a los hombres que harán todo lo que puedan para apoyarte? ¿Qué intentas evitar con el vestido que elegiste? Una vez más, prueba esto y ve qué pasa.

3. ¿Qué va a crear este vestido?

La tercera herramienta es preguntar: "¿qué va a crear este vestido? ¿Va a crear más o menos?". Una dama siempre elige lo que va a crear más. Ella nunca elige lo que creará menos.

Incluye a tu cuerpo en tus elecciones

Aquí hay algo más sobre la ropa y los zapatos que eliges vestir: Tienes que incluir a tu cuerpo en tus elecciones. Por ejemplo, ni siquiera consideres usar zapatos que no se sientan bien. Esto es especialmente importante cuando se trata de zapatos de tacón alto. Siempre compra zapatos de tacón alto que se sientan bien para tu cuerpo. (Me han dicho, lo creas o no, que hay zapatos de tacón que son extremadamente cómodos). Pero tienes que preguntar: "bien, cuerpo, ¿cuál de estos zapatos de tacón alto podemos usar con facilidad?".

Cuando vayas de compras, no busques zapatos de tacón alto que sean lindos. Busca hermosos tacones que no lastimen. Pregúntale a tu cuerpo: "cuerpo, ¿cuáles de estos zapatos de tacón te harían sentirte y verte bien?". Muchas damas encuentran que los zapatos de Jimmy Choo y Manolo Blahnik son muy cómodos.

Mi impresión es que los hombres aman ver a las mujeres con zapatos de tacón alto. Los excita. Les encanta pensar que vas a quitarte los zapatos de tacón para ellos, por lo que podrías sostenerlos en tus manos y caminar sin siquiera tener que usarlos y aun así verte sexy, pero este pequeño truco no funciona para todos. Una dama que conozco dijo: "siempre me ha encantado quitarme los zapatos de tacón y caminar por ahí con ellos en mi mano, pero mi pareja odia cuando las damas hacen eso, ¿qué puedo hacer?".

Le respondí: "y si le dijeras: 'cariño, mis pies me están matando. ¿Puedo quitarme los zapatos?', o bien: '¿puedes cargarme?', o incluso: '¿puedes comprarme unos zapatos de tacón más caros?'. Si ama verte en zapatos de tacón alto, tiene que pagar para que tú tengas zapatos de tacón que no te lastimen. Si realmente quieres controlarlo, pregunta: 'querido, ¿te importaría si me quito los zapatos y este vestido?'. De pronto, estará bien que te quites los zapatos de tacón. Los hombres pueden ser realmente muy estúpidos".

CREAR UNA RELACIÓN CON UN HOMBRE

A veces las mujeres me dicen que no tienen interés en los hombres. Yo les pregunto: "¿estás segura de que eso es verdad? ¿Verdaderamente no te interesan los hombres?".

Frecuentemente responden: "bueno… en realidad no", o: "No, pero…".

Yo les contesto: "'No pero', eso significa 'sí'".

Si responden firmemente que no están interesadas en los hombres, les digo: "entonces reconoce el hecho de que no estás interesada en ellos".

Una de las razones por las que las mujeres no están interesadas en los hombres es porque los hombres son demasiado fáciles. Otra razón es que esperan que los hombres sean de una manera determinada. Cuando los hombres no son así, las mujeres se decepcionan de que no hayan estado a la altura de sus juicios, proyecciones y expectativas. Se separan de los hombres o ponen barreras hacia ellos.

También hay mujeres que usan su desinterés como un arma o una herramienta. Piensan que les gustarán más si están desinteresadas. Estas mujeres reconocen que cuando actúas de manera desinteresada la gente quiere más de ti.

No hay nada malo con esto. Una dama debe ser capaz de usar su desinterés como una herramienta cuando lo desee. Usa su desinterés en el momento de acuerdo con lo que se necesita y lo que va a suceder. Sabe que cuando no *necesitas*, la gente te encuentra interesante.

Pero cuando *estás* interesada en un hombre y las cosas no van en la dirección que quieres, puedes hacer la pregunta: "¿qué hay de bueno en esto que no estoy captando?". ¿Y si hay algo correcto acerca de lo que sucede o con lo que sea que estés haciendo que no hayas considerado? Hacer una pregunta te proveerá de una perspectiva diferente sobre lo que está sucediendo.

Elegir una pareja

¿Cómo eliges una pareja? Algunas mujeres eligen hombres que las juzgan. Ellas han decidido que un hombre que las juzga es superior a los demás y que estar con un hombre que las juzga demuestra que ellas también son superiores. Pero el hombre que piensa que es superior siempre requerirá que seas menos de lo que eres para poder mantener su idea de superioridad.

Otras mujeres ni siquiera pueden ver a los hombres que desean hacerlas felices porque nunca han definido eso como algo que pudieran tener o desear. Viven en un mundo en donde los hombres son vistos como ganadores o perdedores. En lugar de ir a por un hombre que estará ahí para ellas, que deseará crear con ellas y tenerlas como parte de la aventura de su vida, buscan un hombre que sea un "ganador".

Ven a un hombre que no les dará lo que quieren y que no quiere hacerlas felices y lo consideran un ganador porque no tiene interés en ellas. Ven a cualquier hombre que esté totalmente interesado en ellas como inútil. Él está interesado en ellas, así que obviamente es un perdedor.

Por ejemplo, una amiga decidió que quería a un hombre en particular, quien era un total imbécil. Pero él no la quería. Al mismo tiempo había otro hombre que deseaba adorarla, pero ella no lo quería porque era un "perdedor". Le pregunté: "¿qué es lo que lo hace un 'perdedor'? ¿El hecho de que le gustas?".

"Oh, él no cuenta", dijo ella. "él solo es un tipo lindo". Bueno, ella terminó cambiando su punto de vista sobre él. Casi nueve años después, tienen una conexión increíblemente vivaz, divertida y sexy, y su relación todavía sigue creciendo y cambiando.

Elegir a la persona correcta para ti no se trata de ver a alguien al otro lado de una habitación concurrida y decir: "¡oh, Dios mío, lo amo!". ¡Ni siquiera lo conoces! Cuando conozco a alguien interesante, me pregunto si podría vivir con ella. Vivir con alguien es un acto de elección en una base continua. Puedes casarte con alguien en un instante, pero ¿puedes vivir con él? *Esa* es la pregunta.

La elegancia de siempre saber lo que quieres

Muchas personas dicen que buscan pareja, pero lo que realmente quieren es a alguien que haga todo lo que ellas no quieren hacer. Eso no es una pareja. Eso es un esclavo, un sirviente o un subordinado, alguien que hará lo que ellas desean sin preguntar. Si eso es lo que buscas, tienes que estar dispuesta a reconocerlo, porque puedes tenerlo si lo deseas.

Una dama me dijo como ella inspiraba a un hombre a hacer todo para ella. "Pero en realidad está tomando mucho tiempo para que se sienta como una relación", dijo. "Me estoy impacientando mucho. No sé si esto va a funcionar".

Le dije: "¿ya preguntaste: 'puedo vivir con esta persona'?".

"Bueno, no", respondió. "De hecho, es muy difícil vivir con él. A mí me gusta tener mi espacio".

Le remarqué que "es muy difícil" es una conclusión, no una pregunta.

Ella encogió los hombros y dijo: "bueno, solo sé lo que me gusta".

Le dije que pensaba que ella realmente no quería tener una pareja en su vida. "Tú quieres un sirviente", le dije. "Alguien que haga lo que tú quieras cuando lo quieras. Si reconoces eso, puedes tener a alguien que va a ser tu sirviente. Fácil. La sutileza de ser una dama es la elegancia y la no necesidad de siempre saber lo que quieres y cómo obtenerlo".

"¿Qué quieres crear? No creas que estás mal por lo que deseas. No te culpo por querer a alguien que te sirva. Esa es la razón por la cual contrato personas para que trabajen para mí. Contrato personas para que sean mis esclavas y soy realmente amable con ellas para que trabajen más. Soy un buen amo. No las maltrato, pero les pido cosas todo el tiempo. Si quieres que este hombre sea tu sirviente, necesitas pagarle más y ser muy amable con él". Una dama manipula al hombre para que haga lo que ella quiere, y no tiene ningún punto de vista sobre ello. Ella no se juzga.

La sutileza de ser una dama es la elegancia de saber siempre lo que quieres y cómo obtenerlo. Los juicios te impiden tener todo lo que deseas. Una dama sabe que tiene elección y no debe tener un punto de vista fijo o moralista sobre nada. Está dispuesta a ser pragmática acerca de lo que va a funcionar para ella.

¿Qué tienes que estar dispuesta a ser que no estás dispuesta a ser que te daría todo lo que deseas con total facilidad?

El propósito de una alianza

Hay personas que gustosamente serán tus esclavas, pero tener una pareja es algo completamente diferente. El propósito de una alianza es tener a alguien con quien trabajar que expandirá y contribuirá a aquello de lo que eres capaz. Eliges tener una alianza con alguien porque eso expande la posibilidad. Por ejemplo, yo tengo una alianza no sexual con Dain Heer porque eso expande la posibilidad para ambos. Compartimos una casa porque eso expande la posibilidad. Compartimos un rancho porque eso expande la posibilidad. Compartimos una realidad financiera porque eso expande la posibilidad.

Haz preguntas y mantente dispuesta a saber que sabes

Una dama siempre es capaz de ver quién va a contribuir a su vida y a expandir la posibilidad. Ella elige una pareja basada en lo que sabe, no por una cualidad o una característica particular de un hombre.

No se trata de tener razones y justificaciones para lo que eliges. Tienes que hacer preguntas. Tienes que ser curiosa y estar dispuesta a saber lo que sabes sobre la persona frente a ti. Cuando se trata de un hombre en el que tal vez estés interesada para que sea tu pareja, haz preguntas como:

- ¿Esta persona es alguien con quien quiero pasar tiempo?
- ¿Esta persona es alguien que sería divertida para mí?
- ¿Esta persona es alguien que contribuirá a mi vida y la hará mejor?
- ¿Esta persona es alguien con quien quiero pasar mi vida?
- ¿Cómo va a ser vivir con esta persona?

Muchos tienen el punto de vista de que si el sexo es bueno entonces pueden vivir con alguien. El sexo no es vivir con la persona. Pregunta:

- ¿Cómo es estar cerca de él?

- ✦ ¿Cómo es estar en su espacio?
- ✦ ¿Cómo es cuando todo funciona?

¿Qué haría falta para encontrar a un hombre que pueda ser parte de tu vida? ¿Alguien con quien puedas vivir con gran facilidad? ¿Un hombre que te respaldará y te apoyará en todo lo que desees crear, ahora y en el futuro? ¿Y cuánta diversión podrías tener con él?

Un hombre sin punto de vista

¿Y si eliges un hombre que no tenga puntos de vista? Un hombre sin puntos de vista es alguien que dice: "¡hola! ¿quieres jugar?". Este es el tipo de hombre que la mayoría de las mujeres no elegirán jamás. Un hombre sin puntos de vista no está dispuesto a ser un sirviente. Te mirará cuando pierdas la cabeza y te preguntará: "¿qué haces? ¿por qué te estás volviendo insana en este momento?". ¿Por qué te preguntará eso? ¡Porque te estás comportando de manera insana en ese momento!

No va a juzgarte ni a mentirte, tampoco va a coincidir exactamente con todo ni defenderá nada. Pero él siempre te respaldará. Deseará que seas todo lo que eres. No requerirá que seas menos que quien eres para estar con él. Este es un hombre que añorará adorarte. Pensará que eres lo más maravilloso del mundo.

También puedes preguntar:

- ✦ ¿Realmente me gusta este hombre?
- ✦ ¿Es alguien que está en la pregunta?
- ✦ ¿O estoy eligiendo el mismo tipo de hombre que siempre elijo?

¿Qué deseas en una relación?

Tienes que saber lo que deseas en una relación. Si no lo estás obteniendo en la relación que tienes, necesitas encontrar a alguien que te dará lo que deseas y mereces. Muchas mujeres inician una relación y después la mantienen, incluso si no funciona para ellas. Una dama nunca tiene que hacer eso. Ella sigue adelante cuando la relación no funciona. Y no solo renuncia. Ella dice: "esto no está funcionando. ¡El que sigue!".

Pregúntate, "¿qué es lo que deseo en una relación?". Por ejemplo, ¿quieres un hombre que será un buen padre? Si es eso lo que deseas, puedes obtenerlo. Pero por favor haz preguntas. ¿Un hombre que será un buen padre te dará a ti todo lo que deseas? ¿O será todo lo que él desea? Lo más probable es que sea todo lo que él desea porque hay muchos hombres que quieren ser buenos padres. Y ya decidieron lo que es ser un buen padre. Hicieron una decisión sobre cómo se debe ver eso.

Sé consciente de que no hay ninguna pregunta en decir: "quiero a un hombre que sea un buen padre". ¿Y si fueras a la consciencia en lugar de a la conclusión? ¿Qué tal si preguntas?:

- ¿Qué haría de este hombre un buen padre?
- ¿Qué haría de este hombre un mal padre?

También tienes que ver dónde estás en esta ecuación como una buena madre. Cuando concluyes, borras tu consciencia de lo que es posible y te atoras a ti misma con lo que sea que decidiste o concluiste. Una dama siempre está dispuesta a hacer preguntas y tener consciencia. Una mujer solo está dispuesta a concluir.

¿Qué tratas de crear?

Una dama siempre es líder en una relación. Cuando eres una dama, puedes determinar si estás dispuesta a crear con un hombre. No se trata de si él está dispuesto a crear contigo. Una mujer, en cambio, siempre trata de entender cómo puede estar a cargo y obtener lo que "necesita" en una relación.

¿Cómo vas tras algo que deseas sin hacerlo desde la necesidad? Bueno cuando necesitas, tratas de hacer todo para estar a cargo. Cuando no tienes necesidades, por el contrario, eres un líder que motiva a las personas a crear.

Como una dama, puedes tener consciencia total de lo que quiere el hombre *y* consciencia total de lo que deseas tú. Tienes la habilidad de crear ambas cosas. ¿Cómo haces eso? Pregunta: "como dama, ¿qué me gustaría elegir aquí?".

¿Y si no tuvieras que hacerte cargo?
¿Y si simplemente fueras la líder en la relación?

El manantial (The Fountainhead)

¿Tienes un hombre que busca la destrucción? ¿Tienes a alguien que se alinea con los puntos de vista de los demás? ¿O tienes un hombre que se mantiene en su propia realidad y crea una posibilidad diferente? ¿Cómo sería si estuvieras dispuesta a estar con un hombre como ese?

El manantial es una película que te invita a ver qué tipo de hombre tienes en tu vida. Patricia Neal interpreta a Dominique Francon, la hija terca de un renombrado arquitecto. En algunas formas ella no actúa como una dama, pero siempre actúa con integridad, que es una cualidad que una dama siempre tiene. Es ella misma y sabe lo que es verdadero para ella.

Dominique se enamora del personaje que interpreta Gary Cooper, Howard Roark, un talentoso e inflexible arquitecto. Ella ve que él tiene una integridad tan poderosa que lo van a pulverizar en el despiadado mundo de los negocios. Una dama ve algo como eso y pregunta: "¿qué elecciones tengo aquí?".

Dominique le dice a Howard: "no quiero ver que te destruyan", y lo abandona. La gente, de hecho, trata de destruir a Howard. Al final, Dominique decide unir fuerzas con él. Lucha con él, se convierte en todo lo que ella quiere y obtiene todo lo que desea. Al elegir luchar con Howard, Dominique se convierte en una líder para el mundo. Ella crea una posibilidad diferente.

Esta película te dará una imagen del conflicto al que te enfrentas continuamente cuando intentas luchar por tu punto de vista o contra el hombre que podría quitártelo. El hombre a quien verdaderamente le importas nunca peleará contra ti. Él solo luchará a tu lado. Juntos pueden crear mucho más.

Una dama ve a un hombre no como un problema sino como un regalo. Ella no lo ve como enemigo sino como una persona que es una contribución para ella, que hace posible que ella reciba más en su vida. Este no es un punto de vista que tengan la mayoría de las mujeres.

ELEGIR COMUNICACIÓN Y COMUNIÓN EN TU RELACIÓN

Una participante de la clase habló acerca de querer una comunicación cercana con su pareja. Ella dijo: "ha surgido alguna energía en nuestra relación que no nos permite estar en comunión. La forma en la que nos comunicamos me perturba. Trato de fingir que todo está bien, pero termino sintiéndome como que tengo que hablarle de cierta forma, ignorarlo, o estar disponible solo un poco, o no estar disponible para nada".

Lo que ella describe no es comunicación. Es la insania que la mayoría de las mujeres usan para que un hombre haga lo que quieren, cuando quieren que lo haga. Esto puede funcionar como una forma de controlarlo, pero no crea comunión y ni siquiera es una buena manera de controlarlo. Cuando haces eso, no estás presente en tu vida. Hay otra elección disponible. El hecho es que nada puede impedirte estar en comunión si eliges comunión.

La comunicación real

La comunicación real ocurre cuando te das cuenta de que tú y la otra persona no se comunican realmente y preguntas:

- ¿Qué trato de crear con esta comunicación loca que estoy eligiendo?
- ¿Qué mentira estoy usando para crear lo que estoy eligiendo?
- ¿Qué es lo que no estoy dispuesta a ver sobre él?
- ¿Estoy dispuesta a saber todo sobre él?
- ¿O finjo que quiero saber algo?

También tienes que ver a la persona con la que hablas y preguntar:

- ¿Qué es lo que esta persona me está diciendo realmente?
- ¿Cuál es la agenda de esta persona?
- ¿Qué está pasando aquí realmente?

Necesitas ver lo que la gente dice y cuestionarlo. De esa manera, sabrás cuando no te está diciendo la verdad y la comunicación no es lo que pensaste que era. Tienes que reconocer que no todo mundo es sincero en lo que dice. De hecho la mayoría de las personas funcionan así.

UN HOMBRE QUE DESEA SER UNA CONTRIBUCIÓN PARA TI

El movimiento de liberación femenina les enseñó a las mujeres que tenían que crear su futuro solas o elegir un hombre que las ayudara a cumplir sus sueños. No les presentó la idea de que podían preguntarle a un hombre cómo podía ayudarlas a alcanzar sus sueños y tampoco les presentó la posibilidad de que pudieran crear junto con sus parejas. Esto ha creado gran confusión en muchas relaciones.

Una participante de la clase habló acerca de tener el punto de vista de que ella y su esposo debían apoyarse uno al otro, pero al mismo tiempo, ella expresó la necesidad de crear su propio futuro.

Otra participante dijo que ella nunca había recibido la contribución o el apoyo que deseaba de un hombre. Le dijo a la clase: "ahora, estoy en una relación con un hombre que desea ser una contribución para mí. Él tiene una enorme capacidad para crear y generar, y no sé cómo estar con eso. No sé cómo recibirlo, y estoy indecisa sobre pedir lo que deseo".

¿Cómo pides lo que deseas? Puedes decir: "siento pedir esto, cariño, pero realmente lo necesito. ¿Hay algún modo de que puedas hacer esto por mí? ¿Y qué puedo hacer para ti para contribuirte a lo que eres capaz?".

Honra a tu hombre

Una dama sabe que si honras a un hombre, si te ofreces a ayudarlo a alcanzar sus sueños, él te honrará y ofrecerá ayudarte a alcanzar los tuyos. ¿Cómo sería si un hombre te apoyara a ti, a tu futuro, a tus deseos, y tú apoyaras los suyos? ¿Alguna vez has pedido tener a alguien que quisiera eso en tu vida?

¿Cómo creas ese tipo de verdadera alianza? Comienzas honrando a tu hombre. Como la mayoría de los hombres no saben cómo honrar a una mujer, tienes que mostrarles cómo se hace. Le presentas al hombre las cosas en una forma que pueda entenderlas. Dices: "Vaya, cariño, estoy tan impresionada con tu capacidad. ¿Cómo puedo ayudarte a alcanzar tu sueño?".

Si le muestras a un hombre cómo se ve honrar a alguien, él te honrará a ti y te tratará con el mismo cariño y cuidado. Si no te honra ni te trata con cariño y cuidado, ¡deshazte de él! No te quedes con un hombre solo porque está ahí. Ten en cuenta que hay muchos peces en el mar. Si pescaste uno, puedes pescar otro diferente.

Crear con un hombre

Una dama se acerca a una relación con la pregunta: "¿cómo vamos a crear esto?". Cuando funcionas desde esa pregunta, ocurre una realidad diferente. Un hombre ve a una dama como alguien que crea con él desde una posibilidad diferente. Él es feliz de que estén creando cosas juntos, sexualmente y en todo lo demás.

Para crear así, tienes que estar en la pregunta: "¿cómo puedo ser algo con este hombre que requiera que él cree conmigo?". Una dama *exige* a un hombre que cree con ella; ella no *necesita* que lo haga.

La mayoría de las mujeres piensan que ellas necesitan que los hombres hagan cosas por ellas. Crear con un hombre no es algo que sea real para ellas, así que dicen cosas como: "necesito que hagas esto". ¿Qué significa eso? Significa "vas a hacer esto o morirás". Eso no va a funcionar si lo que deseas es una relación real: la pregunta que tienes que hacer es: "¿cómo puedo hacer que esta persona cree conmigo?".

Ve a tu pareja como un elemento creativo en tu vida

Mi amigo y socio de negocios Dain Heer y yo tenemos una gran alianza no sexual. Vivimos juntos, facilitamos clases juntos y hacemos muchas cosas juntos. Recientemente le dije: "tenemos que sentarnos y descubrir qué es lo que queremos crear juntos, porque sé que, si trabajamos en esto, podemos crear mucho más". Esto es algo que tú también puedes hacer.

La mayoría de las mujeres han creado sus relaciones desde la pregunta: "¿cómo puedo vivir con este hombre?". Ven su futuro como si estuviera separado del futuro del hombre. Esa no es tu mejor elección. ¿Y si vieras a tu pareja como un elemento creativo en tu vida? ¿Qué podrían crear juntos? Necesitas preguntar:

- ¿Qué podemos crear aquí realmente?
- ¿Qué es posible que no hemos considerado aún?
- ¿Cómo puedo guiar a mi hombre a su brillantez con total facilidad?

¿Cómo pueden comenzar a crear juntos?

Si estás dispuesta a estar con tu pareja como un elemento creativo, puedes crear más para ambos. Pero sé consciente de que tal vez al principio no todo sea felicidad y ligereza, si no iniciaste la relación con la idea de que podían crear juntos. Todavía, puedes cambiar esto si así lo deseas. Tienes que ser una dama que tiene la fuerza para seguir adelante cuando te enfrente el deseo de renunciar. Tienes que ver lo que puedes cambiar que crearía una realidad diferente para ti y para tu pareja.

Si esto es algo que te suena interesante, aquí hay algunas preguntas con las que puedes iniciar:

- ¿Qué podemos crear juntos?
- Si trabajamos juntos, ¿qué piensas que podríamos crear que generaría mucho dinero para nosotros?
- ¿En qué podemos trabajar que crearía algo más grandioso?

Hacer esto tal vez pueda ser difícil al principio si han tenido confrontaciones previas acerca de este tema. Desafortunadamente, dado el lugar en el que se encuentra la realidad masculina/femenina justo ahora, la tendencia a hacer eso es así de extrema. ¿Cómo sales de toda esa confrontación y conflicto? Siéntate en su regazo, abrázalo y di "muchas gracias por estar en mi vida. Siento que nunca hago lo suficiente. Me pregunto cómo puedo contribuir con algo que genere más dinero para nosotros. No para ti, para nosotros". Con suerte eso permitirá que comiencen a hablar sobre cómo pueden contribuir uno al otro en una forma creativa y generativa.

COQUETEO, SEDUCCIÓN Y SEXO

Para una dama, el sexo siempre es acerca de jugar. El sexo no es para crear un resultado específico. No "significa" nada. Ella tiene sexo por diversión y por el regalo que puede ser para ella y para su pareja. Ella sabe que el sexo se trata de que cada uno reciba.

Una dama no tiene que *tomar* para obtener una relación. Ella *contribuye* a lo que va a crearla. Es alguien que usa estas seis preguntas antes de tener sexo con alguien:

- ¿Será fácil?
- ¿Será divertido?
- ¿Aprenderé algo?
- ¿Estaré agradecida?
- ¿Seré más feliz?
- ¿Esto será una contribución para mí y para el mundo?

Para una mujer el sexo es acerca del resultado. Se trata de conseguir una relación. Ella siente como que tiene que hablar de sexo. Ella tiene que presumir sobre eso o probar que está haciendo algo con su sexualidad. Todo en la realidad de una mujer es para conseguir un hombre que se reproduzca con ella. Las mujeres tienen que ser competitivas, de otra forma la especie no se fortalecería.

Cuando una mujer te pregunte sobre tu vida amorosa o tu amante, sé consciente que está preguntando sobre él por qué pareces más feliz de lo que ella es. Lo que ella tal vez quiera saber es si tu hombre es lo suficientemente bueno para arrebatártelo.

Todo lo que tienes que hacer es responder de una forma que la haga perder el interés. Si dices: "Oh, él está bien, pero no creo que te gustaría. Él es demasiado aburrido" y lo olvidará.

Ser sexy

¿Te gustaría convertirte en una dama que puede obtener la atención de un hombre simplemente con entrar en una habitación? ¿Una dama que puede hacer que un hombre haga cualquier cosa que ella desee? Tienes la habilidad de crear eso *siendo* sexy en lugar de *verte* sexy.

Muchas mujeres piensan que verse sexy tiene que ver con vestir ropas reveladoras o hacerse procedimientos cosméticos o aplicarse Botox. Sin embargo, una dama nunca es descaradamente sexual. Es sutilmente sexual y los hombres la eligen basados en lo sexual que es, no en lo sexy que se *ve*.

Una participante de la clase que trabaja como bailarina erótica dijo que ella se estaba desnudando para alguien que se marchó sin pagarle. En estos días, las desnudistas empujan energía a sus clientes y aparentemente están dispuestas a renunciar a todo y mostrar todo si sus clientes les dan suficiente dinero. No hagas eso. *Tienta* a los hombres, no les des.

Antes había mucho dinero involucrado en el baile erótico, pero ahora hay mucho menos porque las mujeres muestran todo. Los hombres pagarían mucho más por lo que piensan que *podrían* obtener, pero no están dispuestos a pagar tanto por lo que *sí* obtienen.

El baile erótico antes trataba acerca de mujeres que *aparentaban* quitarse la ropa sin realmente desprenderse de nada. Los hombres miraban a las bailarinas sosteniendo el aliento, esperando ver algo que nunca les mostraban completamente. No era acerca de desnudarse; siempre era acerca de la tentación. Siempre parecía que estas bailarinas iban a darle todo a los hombres, pero nunca accedían verdaderamente a hacerlo.

Aprende a jalar energía

Como una dama interesada en estar con un hombre, solo haz lo que quieras hacer. Nunca hagas lo que se supone que debes hacer. Y no empujes energía; aprende a jalarla. Muchas personas, cuando quieren crear algo con alguien más, o cuando ven a alguien con quien quieren conectarse, o cuando desean algo de alguien, le empujan energía. Los hombres, por ejemplo, a menudo empujan energía hacia las mujeres. Su energía dice: "me gustas, quiero estar cerca de ti, quiero hablar contigo". El flujo energético del hombre es de empujar, dirigir o forzar la energía hacia la mujer.

Cuando alguien empuja energía de esta manera, sin importar si es un hombre o una mujer, tendemos a subir barreras para detenerla o tratamos de alejarnos de ellos. Sé de alguien que literalmente huyó de un lote de autos usados porque el vendedor empujaba energía hacia ella con demasiada fuerza. Empujar energía no funciona y usualmente genera lo opuesto a lo que deseas. Tienes que aprender a jalar energía y convertirte en la seductora más tentadora de toda la eternidad. No es difícil. Puedes aprender a hacerlo en la clase del Fundamento de Access Consciousness y después tienes que practicar. Una vez que lo aprendes, puedes divertirte mucho con ello.

Crea desde la diversión

Una dama sabe que desnudarse, tener sexo o solo ser extremadamente sexy es acerca de jugar, tentar y divertirse. No omitas el elemento de la diversión en cualquier cosa que hagas, ¡especialmente en el sexo!

En la clase que hicimos de *La dama*, insulté a dos participantes, solo por diversión. Una de ellas me dijo: "jódete, Gary".

"Si vas a ser una dama", le contesté: "vas a tener que aprender a decir 'jódete' de una manera diferente. Lo que acabas de decir fue hecho con fuerza y enojo. No fue hecho con seducción".

Ella dijo: "bueno, déjame probar nuevamente. Jódete, Gary. Jódete".

Le dije: "eso está mejor".

Lo intentó de nuevo: "jódete, Gary".

"Ya casi lo tienes", le dije. "si le dijeras eso a la gente, ¿obtendrías un mejor resultado? Ni siquiera tienes que decir 'jódete'. Puedes decir, '¡Oh, mi dios, púdrete!' y obtener el mismo resultado".

Otra dama irrumpió: "jódete, Gary". Y luego dijo: "¡esto es divertido!".

Cuando creas desde la diversión, todas las cosas se vuelven posibles. Cuando creas desde el enojo, destruyes toda posibilidad en favor de lo que piensas que deseas. El enojo está diseñado para controlar a los demás. No se diseñó para crear nada.

Conviértete en una maestra de la manipulación

Una vez que empiezas a crear desde la diversión, puedes convertirte en una maestra de la manipulación. El tipo de manipulación de la que hablo no se trata de obtener todo lo que quieres usando a las personas. Más bien, es estar muy consciente de lo que necesitan escuchar para poder hacer las elecciones que necesitan.

Algunas personas tienen la idea de que la manipulación está mal. Dicen: "no quiero manipular a otras personas". Si no estás dispuesta a manipular, no estás dispuesta a recibir. Recibir es la habilidad de tener, hacer, ser y crear cualquier cosa, lo que significa que no tienes un punto de vista acerca de lo que haces. Simplemente haces lo necesario para obtener las cosas que te gustaría tener. Una dama siempre está dispuesta a ser o hacer lo que se requiere para obtener lo que desea. Es acerca de salir del "¿qué es lo acertado?" y "¿qué está mal?" e ir a "¿qué más es posible aquí?".

Si estás dispuesta a manipular, puedes aportar una mayor posibilidad a una situación. Puedes despertar a las personas a la posibilidad. Si te rehúsas a manipular o no sabes cómo hacerlo, entonces tienes que reaccionar a todo en lugar de ser capaz de *actuar.*

Digamos que estás con alguien que te critica intensamente. Trata de manipular la situación diciéndole lo amable que es y que todo lo que eres es a causa de él. Eso es manipulación. No es algo malo. Eso simplemente le impide hacer lo que piensa que tiene derecho a hacer.

¿Qué va a crear más? ¿Juzgar la manipulación como algo malo? ¿O darte cuenta de que es esencial para crear mayores posibilidades?

Una participante de la clase habló acerca de un conflicto con su esposo sobre ayudar con sus hijos. "Tengo que levantarme temprano cada mañana porque hay mucho que hacer", dijo. "Tengo que arreglar a los chicos para la escuela y alistarme para ir al trabajo. Mi esposo solo quiere dormir, pero realmente necesito su ayuda con los niños. Tiendo a enojarme, y quiero decirle: 'tú holgazán. Levántate y ayúdame. Hay más que hacer en la vida que dormir'. ¿Cómo manejaría esto una dama?".

Le dije que una dama lo invitaría a la mañana. “Llévale una taza de café”, le dije: “y bésalo gentilmente en los labios cuatro o cinco veces hasta que despierte. Después dile: ‘aquí tienes café, querido. Lamento despertarte, pero hay tantas cosas que hacer y no puedo hacer todo yo sola’. ¿Qué creará mayores posibilidades en esta situación? ¿Decir: ‘levántate carajo’? ¿O acercarte a él con besos y café?”.

Alentar a tu hombre

Una dama habló sobre querer que su esposo fuera más caballeroso. “Sé que no puedo forzarlo”, dijo, “ni hacer nada para que cambie”.

“Pero puedes alentarlo” respondí. “Cada vez que haga algo que es como te gusta, di: ‘muchas gracias por el regalo que eres en mi vida’, y él tratará de convertirse en más de ese regalo”. Si le das a tu hombre sexo oral después de haber hecho algo bien, lo hará nuevamente para poder obtenerlo de nuevo. Se hace un verdadero hombre porque quiere que seas feliz.

Manipulación contra dominación

Quiero ser claro que no estoy hablando de dominación. Una dama nunca tiene que dominar, y nunca la dominan. Siempre tiene el espacio dominante.

Esto se hace jugando. Si no estás jugando, ¿para qué estás vivo? El mayor regalo que tenemos es el libre albedrío, lo que significa que puedes jugar a cualquier cosa. Actuamos como si hubiera algo malo en jugar y en hacer lo que queremos, cuando queremos, solo porque es divertido para nosotros.

Un hermoso y sexy camisón

Una participante de la clase nos contó que ella trabaja durante la noche mientras su esposo trabaja por las mañanas, un acuerdo que limitaba su habilidad de sentirse sexy. "Él se despierta realmente temprano", dijo: "y cuando él duerme por la noche yo quiero trabajar. ¿Cómo puedo crear sentirme sexy en esta situación?".

Respondí: "no supongas que hay algo malo en esta situación. Es una posibilidad. Pregunta: '¿qué es posible aquí con mi esposo que no he considerado?'. Tal vez compra un camisón sexy que se deslice por todo tu cuerpo y te haga sentir la dama de clase más alta del planeta. Después, cuando estés en la cama, sabrás que te ves hermosa.

"Si duermes en un camisón hermoso y sexy, tu esposo va a estar pensando, '¿cómo puedo quitarle eso?'. Y vas a ocasionar que haga toda clase de cosas maravillosas por ti porque quiere estar más cerca de ti. Un hombre querrá estar cerca de ti si funcionas como si quisieras ser seductora. Tienes que ser el elemento de la seducción. Los camisones sexys pueden ser muy tentadores. Las camisetas extra grandes también pueden ser seductoras".

Obtener lo que deseas en la cama

En la cama, una dama puede lograr que un hombre haga cualquier cosa que ella quiera por el tiempo que ella desee. Todo lo que tiene que hacer es decir: "Caramba, eso se siente tan bien. ¿Puedes hacer más de eso, por favor? ¿Por favor, por favor, por favor? Eso es tan asombroso. ¿Cómo aprendiste a ser así de bueno?".

No se olviden de esa última oración, damas. Les va a servir bien. La mayoría de los hombres piensan que tienen que aprender a ser buenos en la cama, así que cuando preguntes: "¿cómo aprendiste eso?" es una indicación de que deben haber aprendido bien y que son mejores que otros.

ELECCIÓN, CREACIÓN Y POSIBILIDAD

Esta realidad te la dieron tus padres y las otras personas en tu mundo: tus maestros, parientes, y amigos. Es una realidad basada solamente en los juicios y en un montón de bloqueos sólidos y limitados que alguien les dio a ellos para después pasártelos a ti.

Si eres como la mayoría de la gente, has pasado la vida tratando de elegir desde el menú limitado de esta realidad: "Eres bueno. Eres malo. Tienes razón. Estás equivocado. Puedes hacer eso. No puedes hacer eso. Esto es posible. Esto no es posible, así que ni siquiera trates". Nada en esta realidad es acerca de lo que es posible que aún no has considerado.

En la vida tenemos elección. Podemos elegir vivir de acuerdo con las realidades de otros y el menú limitado que nos dieron, o podemos elegir algo diferente. Podemos elegir estar atrapados por la normalidad, la consistencia y el juicio, o podemos elegir crear nuestra propia realidad. Si esta realidad no funciona para ti, date cuenta de que tienes disponible una posibilidad diferente.

Lo mejor de esta realidad

Una participante de la clase me habló sobre una amiga de ella que hizo algunas clases de Access Consciousness. Su amiga le dijo: "lo entiendo totalmente. Entiendo la idea de crear algo más allá de esta realidad. Es un concepto increíble, pero realmente no me importa el ir más allá de esta realidad. Solo quiero las mejores partes de esta realidad. Solo quiero una gran relación y una familia".

La participante de la clase quería saber si su amiga era una dama porque estaba eligiendo por ella misma.

"Bueno, no, no es una dama", dije. "Es una mujer que está eligiendo por ella misma. Desear lo mejor de esta realidad no es igual a ser una dama. Lo mejor de esta realidad simplemente es igual a lo mejor de esta realidad".

¿A quién quieres tener en tu vida?

Algunas mujeres piensan que tienen que ser complacientes. Quieren asegurarse de gustarles a todos, así que adaptan y ajustan su realidad para lograrlo. Una dama no tiene que complacer a nadie. Ella sabe que no se trata de cómo ven las cosas otras personas. Es acerca de lo que se puede crear y de que no hay que complacer a todos para crear.

Una dama siempre está dispuesta a dar un paso adelante e inspira a otros a darlo también. Esa es su manera de ser en el mundo. Cuando eres patética, la gente patética quiere estar contigo. Cuando eres algo más grandioso, la gente patética no quiere estar más contigo porque nunca la han inspirado a progresar.

"En mis amistades", dijo una de las participantes de la clase: "o cuando me pongo al día con las personas, encuentro que solo quieren chismear o hacer charla inconsecuente. Eso no me divierte. No entiendo el punto de eso. Me parece muy aburrido. Entonces, creo que las estoy juzgando".

Le dije: "la charla inconsecuente es aburrida. Eso no es un juicio; es una consciencia. El noventa y nueve por ciento de las personas en el planeta son aburridas".

Ella preguntó: "¿está bien si elijo no estar con ellas?".

¡Por supuesto! Encuentra personas con las que sea divertido estar. Encuentra personas que tengan una vida más grande. Está bien dejar que las demás se alejen. Tienes que elegir a quién quieres tener en tu vida. Tienes que preguntar: "¿quién está dispuesto a ser incluido en mi vida?". ¿Las personas de las que hablas están dispuestas a ser incluidas? Tal vez tengas el punto de vista de que si no incluyes a alguien entonces lo rechazas, pero no es así. Estás siendo consciente.

Si alguien te invita a cenar, ¿tienes que ir a la cama con esa persona? No. Si alguien dice que quiere tenerte en su vida, ¿tienes que incluirlo como amigo? No. Si alguien te invita a una reunión, y sabes que va a ser pequeña y aburrida, ¿tienes que ir? No. Si rechazas la invitación educadamente y nunca más vuelven a hablarte, eso de hecho, es algo bueno. Tienes que ver lo que deseas crear, no lo que ellos quieren crear. Invitar a alguien a detenerte no es incluirlo. Tienes que ser consciente de todos. Tienes que hacer lo que va a crear más consciencia para todos. También tienes que ver quién no puede ir en el viaje contigo. No puedes invitar a las personas a ir a donde no pueden ir.

¿Qué te gustaría crear?

¿Esta realidad es suficiente para ti? ¿O te gustaría crear algo más? Si deseas esto último, debes tener la consciencia de lo que es verdadero para ti. Tienes que saber lo que te gustaría crear. Cuando funcionas desde la consciencia de estas cosas, puedes crear algo mucho más grandioso de lo que tienes actualmente. Comienza haciendo estas preguntas:

- ¿Qué es verdadero para mí?
- ¿Qué funcionaría para mí realmente?
- ¿Qué deseo?
- ¿Cuál es mi realidad?
- ¿Qué sé yo que nadie más en el planeta sabe?
- ¿Qué me gustaría crear?
- Si estuviera eligiendo por mí, ¿qué elegiría?

LA PESADEZ ENFATIZA LA INSANIA DE ESTA REALIDAD

Cuando te ves confinada por esta realidad, te crees las mentiras sobre lo que es posible y lo que no. Crees en una mentira y después buscas la verdad de la mentira en lugar de percibir su pesadez. La pesadez que percibes cuando te crees una mentira siempre es un aviso. En contraste, cuando algo *es* verdadero para ti, la energía se sentirá ligera, nutritiva, y espaciosa. Si no es verdadero para ti, la energía se sentirá retorcida, pesada o densa. La pesadez enfatiza la insania de esta realidad. Tienes que permitir la consciencia en tu vida y no creer la mentira.

¿Cuántas mentiras de esta realidad estás usando para crear lo que no funciona en tu vida?

Nos han enseñado durante toda la vida a creer en las mentiras de esta realidad. ¿Lo ves? Para no estar confinada por esas mentiras tienes que estar dispuesta a tener consciencia y confiar en tu saber sin tratar de entender las cosas. ¡Podrías tener mucha más facilidad en tu vida si solo lo eligieras!

¿Dónde no has dejado entrar a tu consciencia en tu vida?

Consecuencia y creación

Una de las mentiras de esta realidad es la idea de que hay una consecuencia para todo lo que eliges. Es la idea de que va a existir una consecuencia (o una dificultad, o un efecto derivado) para cada elección que hagas. Pero la consecuencia no existe. Es una mentira que se usa para controlarte. No hay una *consecuencia* que suceda como resultado de tu elección, sino una *creación* que ocurre cuando eliges. Eso es porque la elección siempre crea. Todo lo que eliges crea.

¿Alguna vez elegiste dormir con alguien y después eso no creó lo que tú querías? Porque no estabas dispuesta a ver lo que tu elección iba a crear. ¡Tienes que estar dispuesta a ver el futuro que creas con lo que eliges!

Las damas y las mujeres operan en mundos totalmente diferentes con respecto a la elección y a la creación. Una dama ve el futuro que está eligiendo con las elecciones que hace. Ella sabe que no hay una *consecuencia* pero que habrá una *creación* y está dispuesta a darse cuenta de eso. Ella no considera nada desde el punto de vista de lo acertado o lo equivocado, o de un buen o mal resultado, porque sabe que la elección no crea un resultado. Independientemente de lo que elige, lo que ella considera es: "¿qué va a crear esto?".

Una dama sabe que la elección crea múltiples posibilidades y desde esas múltiples posibilidades surgen múltiples elecciones. Desde las múltiples elecciones ella puede formular muchas preguntas, las cuales a su vez, crean múltiples elecciones adicionales, múltiples posibilidades y múltiples realidades. Ella sabe que puede elegir lo que desea y después puede volver a elegir.

Una mujer elige pensando que va a obtener algo de la manera en que ella lo quiere. Está enfocada en el resultado. Ella concluye sobre lo que va a suceder como resultado de su elección. Entonces busca la consecuencia.

Una dama percibe el futuro que está creando con cada elección que realiza. Una mujer se aferra al resultado que piensa que va a obtener.

¿Estás dispuesta a percibir, saber, ser y recibir el futuro que vas a crear con lo que elijas?

CAMBIO, ELECCIÓN Y POSIBILIDAD

La mayoría de los niños esperan y reciben con agrado el cambio. Consideran el cambio como una parte normal y excitante de la vida. Muchos adultos no quieren que las cosas cambien. Piensan que, si algo cambia, van a perder. Y tratan de manejar esa pérdida antes de perder lo que piensan que van a perder. Piensan que, si pueden manejarlo, entonces no perderán tanto.

Muchas personas tienen el punto de vista de que, para poder tener algo que quieren, tienen que renunciar a algo. En otras palabras, el cambio equivale a una pérdida. El cambio no es una pérdida. Es un regalo que la mayoría de nosotros desprecia. El punto de vista subyacente es que creen que van a perder si cambian. Esta noción las atora en un lugar en donde tratan de aferrarse a lo que no está funcionando.

Reprimen su capacidad para el cambio y su creatividad al adoptar puntos de vista fijos y después piensan: "bien, ahora tengo todo en su lugar. No tengo que cambiar nada a partir de ahora". Alguna vez alguien me dijo: "cada cambio que he hecho ha añadido cosas a mi vida, pero todavía trato de evitar el cambio. Esto no hace ningún condenado sentido para nada". ¿Es esto algo que tú haces? ¿Decidiste y concluiste que el cambio equivale a pérdida?

Hablé con una participante de la clase que me dijo que quería viajar todo el tiempo. Sin embargo, no lo hacía.

Le pregunté: "¿qué piensas que vas a perder si viajas?".

"Mi relación", contestó.

Le pregunté si prefería renunciar a lo que quería en lugar de perder su relación. "¿Matarías tu capacidad de creación para poder mantener viva una relación? ¿Es esto lo que tu hombre quiere?".

"No sé lo que quiere", me dijo. Nunca había hablado con él sobre esto. No había tratado de descubrir lo que deseaba. Solo consideraba lo que creía que tenía que perder si hacía el cambio que deseaba.

Por favor deja de considerar el cambio como una pérdida. Una dama nunca considera el cambio como una pérdida. Ella siempre lo considera la expansión de la posibilidad. Ella sabe que solo hay cambio y diferencia.

¿Qué juicios, agendas, invenciones y mentiras estás usando para crear el punto de vista de que el cambio equivale a una pérdida en lugar de a una posibilidad?

"¿Si hago esto, va a crear algo más grandioso?"

Hace no mucho tiempo tuvimos algunos problemas con las personas que llevaban la contabilidad para Access Consciousness y para mí era claro que teníamos que crear un cambio. Yo quería despedir a todos y recrear al equipo de contabilidad, pero algunos amigos dijeron: "¡no puedes despedir a tu equipo de contabilidad! Tu negocio se va a ir al diablo". Lo hice, despedí a todos y en un lapso de dos semanas nuestro nuevo equipo había reorganizado todo. Ahora contamos con un equipo que tiene un control adecuado de nuestras finanzas.

¿Te deshiciste del regalo del cambio?

¿Piensas que el cambio es algo que tiene que ser controlado? ¿O que tiene que suceder de cierta manera? ¿O que tienes que saber a dónde deseas llegar antes de cambiar algo? ¡No es así! Todo lo que tienes que hacer es preguntar: "¿si hago esto, va a ser más grandioso? ¿Sí o no?". Eso es todo lo que se necesita.

Solo tú sabes lo que es importante para ti. Solo tú sabes lo que no querrías mantener. Uno de los mayores miedos que tiene la gente es a perder la cabeza. Dice cosas como: "Me aterra perder la cabeza porque, si así fuera, no sabría quién soy". Pero realmente, si perdieras la cabeza, simplemente tendrías que recrearte. Tendrías que cambiar todo a cada momento. Ese es el cambio que estás evitando. Usas tu mente para impedir el cambio.

Por ejemplo, tenía algunas acciones en Australia que habían ganado dinero de manera dinámica cuando las compré y valían una cantidad considerable. Hablaba con algunos amigos sobre invertir esos fondos en un rancho y ellos dijeron: "no cambies nada. Puedes hacer mucho más si mantienes el dinero en donde está". Yo quería crear algo más grandioso. Me pregunté: "¿si invierto en este rancho va a crear algo más grandioso? ¿Sí o no?". Obtuve un sí, y dije: "¡bien, hecho!". Vendí mis acciones. Dain y yo invertimos en un rancho que tiene el potencial de crear algo aún más grandioso para nosotros.

El momento en que estás dispuesta a perderlo todo
es cuando puedes crear cualquier cosa.

Ir más allá de lo que puedes imaginar

Para ser una dama, tienes que ir más allá de lo que puedes imaginar. Una dama sabe que elegir no se trata de acertar o equivocarse. No es acerca de ganar o perder. Es acerca de elegir. Así que, ¡elige! Confía en ti misma y elige el cambio. Y pregunta:

- ¿Es este el cambio que deseo y requiero?
- ¿Qué va a crear este cambio?
- ¿Qué va a añadir este cambio a mi vida?

- ¿Y si fueras la energía que invita al cambio total?

El cambio es lo único que va a crear el mundo que necesitamos ver

Cuando el cambio y la posibilidad están en tu cabeza, cuando son algo cognitivo, solo puedes llegar hasta cierto punto con ellos. Pero cuando los cultivas, se convierten en una energía que transforma a cada persona con la que entras en contacto. Puedes crear un efecto de onda en el universo que se mueva de una persona a otra y los cambie con total facilidad. El cambio es lo único que va a crear el mundo que necesitamos ver.

Pocas personas en el planeta están dispuestas a tener consciencia total. Es una posibilidad que no están dispuestas a tener. Evitan la consciencia total y evitan ser la dama que pueden ser con esa consciencia. Pero la cosa es esta: la consciencia total puede regalar más allá de tus sueños más locos.

¿Qué energía, espacio y consciencia puedes ser que invitaría y requeriría cambio total con total facilidad?

CONTRIBUIR AL UNIVERSO

Muchas personas desean contribuir al universo, pero por encima de ese deseo están los juicios sobre lo que es y no es la contribución. Cuando la gente acepta esos juicios como verdad, falla y pierde su confianza. Termina deseando tener la razón más de lo que desea contribuir. Quiere hacer la elección "acertada", pero no sabe qué es eso. Es como un ratón corriendo en círculos, preguntando: "¿a dónde voy? ¿Qué hago? ¿Qué elijo?".

¿Cuánta energía usas para crear tu rectitud
para poder evitar el cambio
y nunca volver a estar equivocada?

Una dama no hace nada de eso. Ella desea ser una contribución al universo. Ella confía en que, cuando elige crear todo lo que desea, la gente a su alrededor tendrá que cambiar y entonces todo puede convertirse en una posibilidad.

Para ser una dama, tienes que ir más allá de lo que puedes imaginar. Una dama no requiere ni desea, excepto cuando se trata del cambio. Simplemente está dispuesta a recibir y a lograr. Se muestra y contribuye al universo, sin importar cómo se vea y cómo se muestre esa contribución. Ella sabe que hacer esa elección no es sobre acertar o equivocarse. Se trata de elegir. Así que, ¡solo elige! Confía en ti misma. Y pregunta: "¿es este el cambio que requiero y deseo?".

Si fueras a crear todo lo que deseas, ¿cuántas personas a tu alrededor tendrían que cambiar? Si estás dispuesta a ser una contribución al universo, todos *podrían* cambiar y todo se convertiría en una posibilidad.

¿Y si fueras la energía que invita al cambio total?

DESPERTAR A LO QUE ES POSIBLE

Al final, el regalo de una dama es estar dispuesta a recibir la consciencia total de todo, *absolutamente todo*. El arte y el regalo de la creación es despertar a la consciencia de lo que es posible, algo que la mayoría de las personas nunca han elegido.

Para recibir el regalo de ser una dama, tienes que convertirte en la dama de las posibilidades. Esta cualidad de ser una dama recuerda a la Dama del Lago, la encantadora que le dio la espada mágica, Excalibur, al rey Arturo. Como una dama, puedes integrar las llamadas "cosas imposibles" a esta realidad, pero como una mujer solo puedes hacer lo que te permite esta realidad. Una mujer cree cuando alguien le dice que no puede hacer ciertas cosas. Una dama sabe que no es así.

¿Qué te gustaría verdaderamente, como una dama, tener en tu vida? Tienes que estar dispuesta a ver lo que es realmente posible para ti, no lo que piensas que debería ser o no posible y ciertamente no lo que otros te dicen que es o no posible. Se trata de la realidad que reside dentro de ti, que es un lugar en donde no hay puntos de referencia. Ahí solo existen posibilidades.

Un punto de referencia es una idea que usas para hacer un juicio sobre una situación. Cuando tienes un punto de referencia estás frente a una mentira, mientras que cada vez que estás en tu consciencia ves lo que es. Cuando estás en consciencia total, solo hay pregunta y posibilidad; no hay referencias sobre nada. Todo es otra fuente de posibilidad. Tienes que estar dispuesta a tener esa consciencia sin tratar de entender las cosas. Podrías tener mucha facilidad si solo la eligieras.

Crear desde la posibilidad

Cuando eres una dama, ves lo que es posible. Ves lo que se desea y estás dispuesta a hacer lo que se requiere para crearlo.

Las mujeres siempre tratan de ser la dominatriz, aquella que va a ganar. Ellas quieren ser la mujer del momento, pero esa idea se basa en conclusiones y juicios. La dominación requiere que vayas a la batalla. Nunca es acerca de lo que es posible.

Una dama está dispuesta a ser el origen del futuro. Ella busca crear el futuro, colocando ahora lo que creará una posibilidad dentro de un año, dentro de dos, de cinco, de veinticinco y de cincuenta años. Una mujer solo está dispuesta a controlar lo que va a suceder mañana. Nada tiene que ser más grandioso que el día después de mañana.

¿Qué haría falta para que vieras algo y percibieras que allí hay una posibilidad mayor? Qué haría falta para que te preguntes: "¿Cuál es la posibilidad más grandiosa aquí?".

¿Qué sabes, que te niegas absolutamente a saber,
que si realmente lo supieras, eliminaría todo
lo que no te permite ser la dama que verdaderamente eres
y crearía un futuro que siempre está basado en la posibilidad?

www.ingramcontent.com/pod-product-compliance
Lightning Source LLC
LaVergne TN
LVHW031711230826
846093LV00022B/509

9781634935258